は教えない

代の指導論

髙橋安幸
Takahashi Yasuyuki

a pilot of wisdom

目次

100%できることを疎かにしたら負けますよ
なんでも怒られないようにやるのは違うだろ?
どんなに野球がうまくても普通のことができなきゃダメ
父性と母性、両方を併せ持つ指導者を目指す
星野さんよりも100倍怖かった、島野さん
親だからこそ、子に対して鬼になるべきときはある

第3章 橋上秀樹

データを提示しながら個別の対話を心がける
当初はうまくいかなかった、選手個々の意識改革
選手とのギクシャクした関係を乗り越えて目標達成
あえてこちらから細かく言わないほうがいいときもある
打つ以外のことも意識付けできていた〈山賊打線〉
即戦力の新人にはあまり口うるさく言わないこと
おまえの本当の武器は何だ? 何でお金を稼ぐんだ?

設定した目標が違う以上は、その過程が変わるのは当たり前
自己分析で己を知ると、ポイントを絞って徹底的に練習できる
野球とは無縁の接客業の経験がコーチングにつながった

第4章　吉井理人

チームの勝利よりも選手の幸せを考えてやる
自分の研究テーマに沿って選手にインタビューさせてもらった
コーチは選手の邪魔をしたらダメ、指導しちゃダメです
コーチが簡単に答えを言ってしまったら選手のためにならない
今も自分の力不足を感じるし、指導者こそ学び続けないといけない
上下関係を取っ払って信頼関係を築かないとうまくいかない
〝伝える〟というよりも〝気づかせていく〟ということ
なぜ若い投手がマウンド上でパニックになるのか
感情とパフォーマンスはがっちりつながっている
はじめは「最低な職業やな」と思いながらコーチになった

第6章　大村　巌

高卒の新人は「ちゃんとユニフォームを着なさい」と言うことから
選手のタイプや現状によって自分がいろんな人間に変化する
新しいコーチがいきなり「おまえ、こう打て」はあり得ない
「糸井を1カ月でなんとかしろ」と言われて
指導に悩んでいるとき、ペットの飼い方の本を読んで救われた
「やっぱり筒香はダメか」と思われたときが大チャンス
4番バッターに求められるのはホームランだけじゃない
〝やんちゃ〟な新人選手には特にティーチングが必要
選手に「腹立ってます」と伝えたところでどうにもならない
「おまえはこれをやれ」と言われるままだった現役時代
理想のコーチングは「オレが教えた」とは正反対

文中写真／日刊スポーツ（第1章、第2章）、小池義弘（第3章〜第6章）

本書は集英社のウェブサイトweb Sportivaでの連載「チームを変えるコーチの言葉」に加筆・修正したものです。
ウェブ初出記事の公開日は以下のとおりです。序章、終章は書き下ろしです。

第１章　石井琢朗　２０１７年９月22日
第２章　鳥越裕介　２０１８年４月16日
第３章　橋上秀樹　２０１８年７月17日
第４章　吉井理人　２０１８年11月８日
第５章　平井正史　２０１９年４月13日
第６章　大村　巌　２０１９年８月９日

序章　「昔はコーチなんていなかった」

監督の手柄に吸収されるコーチの功績

なぜ、監督と選手だけに光が当たるのだろう――。

筆者がプロ野球の取材をするようになってから、ずっと思ってきたことだ。

なぜ、監督でもない、選手でもない、コーチには、光が当たらないのだろう。チームの優勝が決まったあとは特にそう思っていた。コーチもチームの一員として貢献しているはずなのに、チームの勝利はあくまで監督の手柄になる。

もちろん、まったく光が当たらないわけではない。シーズン中、首位を走るチーム、好調のチームにおけるコーチの仕事ぶりが、マスメディアに取り上げられることはある。選手への指導が功を奏している様子が伝えられることもある。

が、それはまずシーズン中に限られるのだ。いざ優勝が決まれば、監督の采配と選手の活躍度に焦点が絞られていく。そうして、結果を出した監督の記事が書かれ、貢献した選手の記事が書かれ、テレビのスポーツニュース番組などへの出演もあれば、一冊の本にもなる。さまざまな監督論、いろいろな選手論が形になって世に出ていく。

しかしながら、コーチ論はなかなか世に出ていかない。現役のコーチの本は片手で数えられるほどしか出ていないし、シーズン中に記事などで知ったそのコーチの功績にしても、優勝した途端に監督の手柄に吸収されてしまう。コーチについては、唯一、〝解任されないこと〟が評価の証（あかし）なのかもしれない。

では反対に、チーム成績が下降、低迷したときはどうか。確かに、その責任は監督ひとりが負うことになる。ただし、責任をとって辞任することになれば、コーチも一緒に辞めるケースは少なくない。指導した選手たちの成績が向上して、一コーチとして手応えを感じていても、辞めなければいけないときがある。はたまた、成績が下降したチームでも監督は辞めず、一部のコーチが詰め腹を切らされるときもある。

わかりにくい「名コーチ」の条件

監督と選手の間に挟まれたコーチ。それだけに中間管理職の悲哀さえ感じてしまうが、ひとつお断りしておくと、ここまでは一軍の話。これが二軍となると若干、話が違ってきて、チーム成績に関して、一軍ほどの責任は二軍の首脳陣には負わされない。

そのかわり、将来のある若い選手をしっかり育成していく上での責任は重い。重いのだが、二軍の首脳陣に光が当たることはゼロに等しい。選手にしても、二軍から一軍に上がって結果を出すまでは注目されないも同然だ。

すなわち、プロ野球の世界は、一軍で結果を出す者以外、光が当たりにくい。これはしかし、ある意味では仕方がないことだろう。二軍が一軍へのプロセスであるのと同様、コーチの職務も、結果を出すことではなくプロセスがメインになるからだ。言い換えれば、チームの結果が悪くとも、コーチの職務としては成功している場合がいくらでもある、ということだ。

結果と違って、プロセスは形になりにくく、外から見えにくい。監督と選手には成績と数字が付き物だが、コーチには成績も数字もない。したがって、勝利への貢献度も見えにくいし、評価もされにくい。「名監督」と「名選手」は数字がひとつの条件になる反面、「名コーチ」は何が条件になるのか、わかりにくい。

わかりにくいから、実際にコーチに取材してプロセスを明らかにしたいと考えていた。選手が技量、力量を高めていくプロセス。ベンチで監督を支えるプロセス。そのなかでコーチは、どのように関わっているのか。どんな思いを持って向き合っているのか。監督論や選手論には表れないプロ野球の姿を、コーチの言葉を通じて表現したいと思う。

昔はコーチなんていなかった

筆者がコーチの取材を構想したのは、往年の名選手や異色選手へのロングインタビューがきっかけだった。「野球の歴史を大事にしたい」という思いから、1998年に雑誌で連載を始めたほか、他の媒体の企画を合わせれば100人近い野球人に面会してきた。

主に現役時代の話を聞いていくのだが、いずれも球界OBだけに監督、コーチをつとめた方が多い。必然的に指導者としての話にも長い時間が割かれ、毎回、興味津々で聞いたなか、よく言われたのがこの言葉だ。

「昔はコーチなんていなかった」

初めて聞いたときには信じられなかったが、『日本プロ野球80年史』（ベースボール・マガジン社）によれば、戦前の1リーグ時代、本当に専任のコーチはいなかった。チームには監督と選手がいるだけで、その監督も選手と兼任が多かった。これは各チーム、まだ選手が30人弱と少なく、二軍という育成システムができていなかったこともあるだろう。

その後、コーチという職務が誕生したのはセントラルとパシフィック、2リーグに分立した1950年。セ・リーグの広島、パ・リーグの毎日（現・ロッテ）、東急（現・日本ハム）で専任のコーチが置かれた。さらに、48年から一部球団で二軍制度が導入されていたのだが、この50年、大阪（現・阪神）に球界初の二軍監督が誕生している。

そして、ついにセ・パ両リーグ全球団でコーチが置かれたのが58年。ゴールデンルーキーの長嶋茂雄が巨人に入団し、一気にプロ野球人気が高まった年だ。このとき水原円裕（のぶしげ）監督が率いる巨人には4人のコーチがいて、選手は総勢46人だった。

また、同年に最もコーチが多かったのは南海（現・ソフトバンク）で、6人が登録されている。一軍の専任コーチがひとりの中日でも、助監督兼投手がいたり、コーチ兼内野手、コーチ兼外野手がいたり、徐々に担当が分かれ、現在の体制に近づき始めていた。

「なまけもの」の王の素質を開花させる

一方で注目すべきは、このころ、コーチが移籍するケースが出始めていることだ。当初、大半のコーチはチームのOBだったが、球界でコーチが専門職になって以降、周りからその実績を認められ、指導力を求められてスカウトされる人材が現れていた。

そのひとりが、慶應義塾大出身の新田恭一（にったきょういち）という野球人。ゴルフスイングからヒントを得た〈新田理論〉で知られ、ゴルファーでもあった。プロでプレイした経験はないが社会人野球で活躍しており、52年に松竹で監督、53年に大洋松竹で総監督をつとめたあと、巨人の二軍監督、近鉄のヘッドコーチ、技術顧問などを歴任した。

この新田の指導を受け、球史に名を残す選手に小鶴誠（こづる）がいる。戦前の42年から5球団を渡り歩いた右打ちの強打者で、松竹でプレイした50年にシーズン51本塁打、161打点、143得点を記録。史上初の年間50本超えを果たし、打点と得点は2021年現在も歴代最高記録である。

もうひとり、引退したあとに他球団から請われ、コーチになった野球人がいる。61年限りで大毎（現・ロッテ）を退団し、そのまま現役を退いた直後の12月、巨人の打撃コーチに就任した荒川博だ。

その名前を知らない方でも、通算８６８本塁打の世界記録を持つ王貞治は知っているだろう。この王に一本足打法を指導したコーチが荒川だった。当時の川上哲治監督がその指導能力を認めて招聘したのだが、王はそのとき、プロ入り3年間で合計37本塁打。まだ素質が開花していなかっただけに、荒川コーチへの期待は大きかったようだ。

荒川は２０１６年に逝去したが、生前の06年、筆者は面会して取材。巨人入団から王を指導するまでの経緯を聞いたなか、極めて印象的な言葉が飛び出した。

「びっくりしたのは、川上さんが『王は素質はいいんだけど、なまけものでいけねえ』って言うんだよ。オレ、全然、知らなかったんだ。王は真面目だとばかり思ってた。そんなに酒飲むってことも知らなかったの。ただ、それは努力の仕方を知らないだけで、やり方を教えてやるのがコーチなんだから、一概に『なまけもの』って決めつけてもいけないんだ」

王が積み上げた実績と現在の立場からすれば「なまけもの」は意外過ぎるが、「やり方を教えるのがコーチ」と荒川は言っている。指導者として選手に技術を教えるというよりも、選手が自ら努力する方法を教えてあげるのがコーチなのだと。

今の球界にも続く〝荒川道場〟の師弟関係

荒川の自宅でのマンツーマン練習。通称〝荒川道場〟の映像が残っていて、筆者も見たことがある。とりわけ、天井から吊るした紙を王が真剣で切るシーンは、見る者に強烈な印象を残した。だが、この特別な練習方法があまりにも際立つため、「やり方を教える」コーチングが見えにくくなっていたのも確かだ。荒川はこうも言っている。

「僕はいつでも人を教えるときにね、この子にいかに野球を好きにさしてやるか、そこから始めるの。そのためには大きな夢を持たせる。夢があって、努力するんであって。だから、3年間なまけて遊んじゃった王にやる気を出させるためにね、『あのベーブ・ルースの記録を抜けるのはおまえだけだよ』と。これ、ホラだよね。3年間で40本も打ってないんだから。でも、ホラは決して嘘じゃないんだよ。夢なんだよ、目標なんだよ」

荒川にとって王は早稲田実業の後輩でもあり、その師弟関係によって独特のマンツーマン練習も成り立った、と見られがちだ。しかし荒川はその関係以前に、選手に具体的な目標を持たせることの大事さを説いている。実際、「当時の王選手にとって荒川コーチがいかに特別な存在だったか」といった話を筆者が持ち出すと、荒川はあっさりと否定した。

「いや、僕はもちろん、巨人のときは長嶋にも教えていたわけだし、王のほかに、僕のところに朝晩、習いに来た選手もいたよ。だけど、その選手たちに一本足打法はさせなかった。なぜかと言ったら、一本足にしても飛ばないもん、そんなに。だから、バッティングっていうのはその人に合うものじゃなくちゃいけない」

決して、王だけが特別ではなかった。チームの打撃コーチなのだから「その人に合うもの」を指導していくのは当然とも言えるのだが、荒川は１９６２年から70年まで巨人で指導し、ＯＮを中心にして、Ｖ９時代を築き上げる強力打線を支えた。その後はヤクルトのコーチ、監督もつとめている。

荒川道場での師弟関係は、じつは荒川の最晩年まで続いていた。子どもたちに指導する野球教室〈荒川道場〉をバッティングセンターで開講していたのだ。

その「最後の弟子」と称されるのが、中日の渡辺勝。東海大相模高、東海大を経て、2015年の育成ドラフト6位で入団した外野手で、中学時代に荒川に指導を受けていた。王の一本足打法とは異なるが、同じ左打ちで、踏み出す右足を上げる打撃フォーム。18年オフに支配下登録され、19年に一軍デビューすると、21年にプロ初本塁打を放った。

荒川は早実から早稲田大を経てプロ入りし、実働9年で通算503安打、16本塁打、172打点、打率・251という数字を残して、31歳の若さで引退した。選手としての成績は平凡だが「自分でやるより教えるほうが好きだった」という荒川だったからこそ道場は続き、今の時代の野球ファンが「最後の弟子」のプレイを見られるのだ。

チームの先輩がコーチ役だった時代

中日の渡辺が「最後の弟子」なら、荒川道場の「一番弟子」は誰かと言えば王ではない。史上最年少で通算2000安打を達成し〝安打製造機〟と呼ばれた榎本喜八だった。

荒川にとって、榎本は毎日～大毎時代の後輩で、やはり早実の後輩でもあった師弟関係。

チームには61年に初めて打撃コーチが就任したが、荒川はそのずっと前から、現役の選手でありながら集中的に榎本を指導していた。その実績を川上監督が認めたのだ。

チーム内の先輩がコーチ役でもあった１９５０年代。当時の状況を語ってくれたのが、西鉄（現・西武）の主軸打者として活躍した中西太だった。

中西は高松一高から52年に入団し、1年目に打率・２８１、12本塁打でパ・リーグ新人王を獲得。2年目には打率・３１４、36本塁打、36盗塁でトリプルスリーを達成し、86打点と36本塁打がリーグトップで二冠を獲得。２０１９年、ヤクルトの村上宗隆が同じ高卒2年目で36本塁打を放って並び、打点は超えたことで中西の名に光が当てられた。

これだけの数字も、抜擢した監督がいて初めて成り立つ。そこで当時の三原脩監督について中西に尋ねると、こんな答えが返ってきた。

「ワシにはほとんど何も言わなかったね。ワシがバットを振っておるのを見とるだけだった。あとで聞くと、『中西がうまく当たらんようなことがあっても、いらんこと言うな』と先輩に話してくれていたらしい。この子には技術論を言うと、気にして余計悪くなると。打撃コーチなどいないような時代やからね。

とにかく、ワシに限らず、若い人が入ってきたときはまず思い切りやらせていた。それで本当にうまくいかんときは言うと。ワシも選手を指導するときはそうだけどね」

先輩からの指導には悪影響をおよぼす面もあったらしく、あらかじめ監督が制止していたとは興味深い。中西の素質を見抜き、先を見る目がないとできなかったことで、この時代の監督は、技術指導はもとより、育成を兼務する必要があったと言える。

コーチとは自分に合うものを見つけ出してくれる存在

指導者に恵まれた中西は、実働18年で首位打者を2回、本塁打王を5回、打点王を3回獲得。左手首の腱鞘炎の影響で59年からフル出場できなくなり、62年から西鉄の監督を兼任した。そして、69年限りで退団したあと、ヤクルト、阪神、近鉄、巨人、ロッテ、オリックスでコーチをつとめ、日本ハム、阪神では監督もつとめた。

例えば、ヤクルトでは通算２１７３安打を記録した若松勉、阪神では「史上最強の１番打者」と称された真弓明信を指導したことで知られる。現に、面会した際にも両者の素質がいかに伸ばされていったかが語られたが、中西はこう力説していた。

「ワシはこれまで一度も選手を教えたと思ったことはないよ。人はワシのことを『どこでも教えに行く』と言うが、ワシが選手に教わりに行ってるんだ。選手が持っとる宝物を教わりにな。もともと、プロ野球に入ってきた選手はどこかしら、必ずいいものを持っておるんだから。

理屈と理想論だけかざして、教えてやる、という感覚を持ったらね、指導者じゃないということ。経験と体験、それがあればいい。理屈なんてあとからついてくる。自分に合うものを見つけ出してくれるのがコーチであり、そういうコーチだからこそ選手が聞く耳を持つ。選手と一緒になってやらなきゃ。誰もひとりじゃできない」

中西が言う「自分に合うものを見つけ出してくれる」は、荒川が言っていた「バッティングはその人に合うものじゃなくちゃいけない」に通じるところがあるだろう。

また、コーチとして「一度も選手を教えたと思ったことはない」という言葉は印象的だ。今でこそ筆者も、コーチとは「教える人」ではなく「選手と一緒に目標まで導く人」と理解しているが、初めて中西の言葉を聞いたときには意外かつ新鮮だった。

野球界に限らずスポーツ界全体、昭和の時代のコーチといえば、人の上に立つ人であり、厳しい命令口調で上から押しつけるように教えるのが普通だったと言われる。ときには暴力、暴言も入り込んだと聞く。令和の時代の現在もそれが完全に消えたわけではないだろうが、昭和の野球界で、中西や荒川のような考え方は極めて希少だったのではないか。

19歳の江夏が悩みを打ち明けたコーチ

ここまで打撃コーチの話が続いたが、昭和の時代の投手コーチについて、選手の立場から語ってくれた野球人がいる。阪神に始まり西武まで5球団を渡り歩いて通算206勝、193セーブを挙げた江夏豊だ。

大阪学院大高出身の江夏は、67年、ドラフト1位で阪神に入団。高卒1年目で12勝を挙げ、230回⅓を投げて225奪三振と結果を残して自信をつかむも、被本塁打27本が頭に引っかかっていたという（今の時代であれば十分にエースの成績だが）。

原因は対右打者のインコース主体の配球パターンにあり、インコースは力で押し切れる反面、長打を食らう危険度も高いと感づいていた。が、そこでどう工夫すればいいか、具体的にはわからずにいた68年、プロ2年目のキャンプで新任の投手コーチと出会った。現役時代は大映のエースとして活躍し、52年にノーヒットノーランも達成した林義一である。

「まず林さんで感じたのは、前の年の投手コーチだった川崎徳次さんとの違い。別に人間的にどちらがどうこうというんじゃなしに、川崎さんは何を言われるにも威圧感があった。嫌みは何もないけど、常に軍隊調の命令口調で。それが林さんは穏やかな口調で、声も大きくない。何事も淡々と話される。何より驚いたのは、オレのことを『江夏君』とか『ユタカ君』とか『キミ』と呼ぶこと。それまで呼び捨てが当然だったからね」

口調だけでなく、指導においても、上から押さえつけたり、決めつけたりしようとしない。当初は何かと違和感があったそうだが、何度か話すうちに悩みを打ち明けられる存在になった。その上で、コントロールをよくして被本塁打を少なくするため、徐々にフォームのバランスを修正していく練習が始まった。

「林さんは時間をかけて、フォームの欠点をはっきりさせてくれた。自分のピッチングの基盤になったアウトローのコントロールという技術。その技術を身につける基本が備わった。最終的には自分自身の工夫でフォームが固まって自信もついたけど、基本をきっちり教えてくれた林さんなくして、自分の野球人生のレールは敷かれなかったと思う」

コーチも選手から教えられる部分があっていい

江夏は高校時代、真っすぐの速さだけで持っているような投手だった。まともな変化球もなく、ピッチングの基本中の基本も知らないままプロに入った。さまざまな欠点があったが、林はすべて頭ごなしに指摘せずに諭した。ゆえに、一方的に教えられているという感覚にならず、対話そのものが楽しく感じられたという。

「もしも林さんが、コーチだから、年配だからと指導を押しつけてきたらどうだったか。たぶん、どれだけその教えが正しくとも、素直に聞く耳を持てなかったと思うよ。選手も人間だから、機嫌のいいときもあれば悪いときもある。悪いときには、自分にとっていいことを聞いているのにフンと横を向くこともある。

そういうときにはどんな正しい指導も無駄になるし、案外、コーチと選手の関係はそういうところで亀裂が生じてしまうと思う。これは我々の時代に限らず、今の球界でもそうなんじゃないかな」

コーチと選手の間で亀裂が生じるケース。確かに近年でも、報道で明らかになる場合があり、筆者自身、野球人を取材するなかで何度となく耳にしてきた。原因はさまざまだが、江夏が言うとおり、感情と感情のぶつかり合い、もしくはすれ違いが多いようだ。

その点、江夏が横を向いたとき、林は必要以上に言葉を重ねず、解き放した。すると江夏自身、自らの態度を自然に反省できたという。

「コーチと選手、お互いの感情を無言でくみ取れる部分があって初めて、一方通行じゃなしにミックスされた関係が保てると思う。だから、そのためには指導者が一歩引くことも大事なんじゃないかな。ときには、教える側のコーチも選手から教えられる部分があっていいし、それが理想の師弟関係なのかもわからない」

中西が言う「ワシが選手に教わりに行ってる」と表裏をなすような江夏の言葉は、1968年、19歳のときの経験に基づいている。それから半世紀以上が経過した野球界に、林のようなコーチはどれほどいるだろうか。

もっとも、ここで言われた「理想の師弟関係」には一考の余地があると思われる。荒川にとっての王を筆頭に、師弟関係にある選手を成功に導くことは、コーチにとって極めてわかりやすい結果の出し方である。形になりにくいプロセスの何十倍もわかりやすい。それだけにその一点に光が当てられがちで、マスメディアの常套句である「○○を育てた」という言葉が独り歩きしていく。が、「名選手」を育てたことだけが「名コーチ」の条件ではないはずだ。

恥をかいて聞きに行くことが大事

師弟関係で成功に導いた選手がいることを超えて、コーチ業のプロセスと野球界における現状を明かしてくれたのは土井正博だった。

土井は1961年、大阪・大鉄高（現・阪南大学高）を2年で中退してプロ入り。近鉄で13年間、太平洋クラブ～クラウンライター～西武で7年間、強打者として活躍し、通算2452安打、465本塁打、1400打点を記録する。引退後は西武、中日のほか、韓国プロ野球の三星でも打撃コーチをつとめ、その指導者人生は16年間におよんだ。

西武では清原和博を指導したことで知られる土井は、現役の選手でも西武入団直後の秋山翔吾、中日の高橋周平を一人前の打者に仕立て上げた、と伝えられる。

が、筆者が面会したときには師弟関係の成果よりも、チームの打撃コーチとしてのプロセスが数多く語られた。例えば、よかれと思って自身の体験を選手に伝えると、選手の長所が消えてしまう場合があること。あるいは、スランプの脱出法として好調時の映像を遠征先にも持ち歩かせ、スコアラーが持つ不調時の映像と見比べるように勧めていたこと。

なかでも印象的だったのは「恥をかくこと」だ。

「選手に聞かれて、僕がわからんかったら、例えば、名球会で知ってる人に聞いて、答えを出してあげる。選手もそうですけど、コーチだって恥をかいて聞きに行って、的確な答えを出すことが大事と思っています。

西武で松井稼頭央(かずお)をスイッチヒッターにしたときに、スイッチで成功した人に会わして、どうするかと話したこともありました。あとは左バッターの人ですね。右打ちの僕ではわからないところもありますから、会わして、教えてやってくれと。だいぶ、みなさんにお世話になりましたよ」

これは「土井が松井を育てた」という話ではない。ひとりの選手をスイッチヒッターに変えるとなったとき、最も有効と思われる方法を担当コーチのネットワークで探し求めた、という話だ。コーチという職務の一般的な概念さえ変わる話でもあるだろう。

そんな土井だけに、野球界におけるコーチの現状には厳しい目を注いでいた。

「以前に比べて、フロント、監督の顔色を見るコーチが多くなっています。クビになったらどこも働き場所がないから、ということで。何か、仕事ができるんじゃなくて、世渡りがうまくできるっていうんですかね。

そういうコーチは選手がミスしたら怒るのが精一杯なんですけど、怒ったら何も返事はないわけですよ。教えるということは根気がいるし、間違ったことは言えないし、ちゃんとした理論を教えないことにはダメなんです。そこでもう選手の伸びが止まってしまいますから」

コーチ業はいろんなチームから声がかかってナンボ

土井自身、指導法をすべて独自に編み出したわけではなかった。多くを教わったのは、近鉄時代のコーチで、クラウンライター〜西武では監督だった根本陸夫（りくお）（元・近鉄）。ダイエー（現・ソフトバンク）の球団社長に就任した99年、根本は72歳で逝去したが、ドラフトやトレードで辣腕をふるい、事実上のＧＭとして西武、ダイエーでチーム強化に携わった。そのなかでコーチを育てることにも力を入れていた。

例えば、コーチをスカウトに転身させ、逆にスカウトをコーチに転身させ、指導と育成における視野を広げさせた。また、通常は「一軍のコーチが二軍へ降格」と表現するが、根本は「二軍に昇格させる」と言っていた。チームづくりの根幹は二軍での選手育成なのだから、一軍よりも二軍のコーチのほうが重責、ゆえに「昇格」なのだと。

さらにダイエーの監督に就任した92年オフ、根本は「選手が聞きにきたら教えてもいいが、こちらからは口を出すな」とコーチ陣に指示し、こう語っていた。

「日本のコーチというのは、やる機会は多いけれども見る機会は少ない。やる以前に、自分の観察力をどれだけ養うかが問題なのであって、観察力がアップすれば、その選手の欠点やよいものが、どこにどれだけあるのかが見えてくる。が、とかく最近のコーチは、自らが動いて、すごい指導をしたと思い込む、自己満足に浸っている人が多い」

コーチが自ら動いていては、選手の自主性が奪われてしまうのではないか。そう危惧していたから「こちらからは口を出すな」と指示したわけだが、根本はこうも言っている。

「どれだけその選手の目標をサポートできるか、ということ。やるのは本人なんだから。我々は、それに正確にヒントを与えてやればいい。監督、コーチが選手をつくることなどできない。選手によって名コーチ、名監督はつくることができるけどね」

そして、「仕事ができる」コーチについて次のように定義づけていた。

「コーチ業というのはな、いろんなチームから声がかかってナンボや。この業界でやっている以上は、そういうコーチにならんといかん」

3つのタイプに分類できる、プロ野球のコーチ

さて、根本による定義と、土井が伝えた現状に加え、これまで筆者が野球人たちに取材して得られた話を総合してみると、プロ野球のコーチはおおよそ次の3つのタイプに分類できると思う。

①幹部候補生
②縁故採用

③職能を認められた人

①は球団が監督候補と見込んでいる人材。現場の最高指揮官への昇格に向け、指導者経験を積ませるためにコーチに就任させる。２０２２年の12球団の監督のうち、前年に日本一になったヤクルトの高津臣吾監督をはじめ８人が①だった（他球団でコーチをつとめ、古巣の西武に復帰した辻発彦監督を含む）。残る４人は中日の立浪和義監督、ロッテの井口資仁監督、楽天の石井一久監督、日本ハムの新庄剛志監督で、いずれも専任のコーチ経験なしに監督に就任した。「例外」と言っていいだろう。

②は土井が言うところの「世渡りがうまくできる」コーチ。所属球団で自分の首が危うくなると、延命のため他球団での採用を根回しする人もいるという。引退後にそのまま球団に残って就任するケースが多いわけだが、そこから勉強して「仕事ができるコーチ」になり変わる人もいる。

③は読んで字のごとしで、まさに本書で取り上げるコーチは③を意味する。根本が言うところの「いろんなチームから声がかかって」に準じれば、打撃コーチでは先述した中西

のほかにも6球団に請われた高畠康真（元・南海）、水谷実雄（元・広島ほか）がいて、投手コーチでは7球団に請われた八木沢荘六（元・ロッテ）がいる。

近年では、広島と巨人を36年にわたって往復した打撃コーチの内田順三（元・ヤクルトほか）、横浜大洋〜横浜（現・ＤｅＮＡ）とヤクルトを25年にわたって往復した上に巨人、ロッテでも投手コーチをつとめ、22年からＤｅＮＡのコーチングアドバイザーに就任した小谷正勝（こたにただかつ）（元・大洋）。この両者が③の代表格だが、本書では21年時点で球団に所属したコーチングスタッフに限り（独立リーグを含む）、筆者の主観で6人を選ばせてもらった。

それぞれのプロセスに光を当て、本当の「名コーチ」の条件を探究していきたいと思う。

第1章　石井琢朗

いしい・たくろう　1970年栃木県生まれ。足利工から88年ドラフト外で横浜大洋（現・横浜DeNA）に投手として入団。92年から内野手に転向し、同年後半から三塁手でレギュラーとなる。96年に遊撃手に転向し、98年のリーグ優勝・日本一に1番打者として貢献。08年オフに広島に移籍し、12年限りで引退。通算2432安打。盗塁王4回、最多安打2回、ベストナイン5回、ゴールデン・グラブ賞4回。引退後は13～17年に広島、18～19年に東京ヤクルト、20～21年に巨人、22年から横浜DeNAでコーチを歴任している。

常に100点満点を目指す必要はない

14年ぶりに古巣復帰を果たし、2022年からDeNAの野手総合コーチとなった石井塚朗。前年までは巨人で野手総合コーチをつとめ、その前のヤクルトでは打撃コーチ。さらにその前の広島でも打撃担当だったが、指導者人生の始まりは13年から15年までつとめた同球団の内野守備・走塁コーチだった。

石井（右）だけでなく、斎藤隆、鈴木尚典ら98年の優勝メンバーがコーチとして集結した

現役時代の石井は、横浜大洋～横浜で20年間、広島で4年間プレイし、通算2432安打を記録した巧打者。一方で走っては盗塁王を4回、守ってはゴールデン・グラブ賞を4回獲得した俊足の内野手。まず守備と走塁を指導するのは自然な流れだったかもしれないし、3年間つとめたのもう

なずける。が、その後に打撃コーチになるケースは珍しい。

当然、選手たちの守備と走塁を見ながらバッティングも間近で見ていたわけだが、そのなかで石井は、各打者に対してどんな思いを抱いていたのか。

「攻撃に関しては、常に守備目線で見ていました。カープの攻撃陣に対して自分が守っていると仮定すると、もう少し、こういう攻撃をしたら嫌なのにな、もっと幅の広い攻撃をできるのになって思うことが何度もあったんです」

石井が打撃コーチに就任する直前、15年の広島打線は「貧打」で「得点力不足」といわれていた。これを単に「打てない」「点が取れない」と見て嘆いていたのではなく、逆の立場で見たことによって課題が次々に浮かび上がっていた。

「各バッター、チャンスで打席に入って、何としてもヒットで還(かえ)さなきゃ、っていう気持ちが強過ぎるな、とも感じていました。これは全然ダメなことじゃなくて、いいことだと思うんです。よし、オレがここで決めてやる、って意気込んでいくのはいい。でも、何の根拠もない自信とプラス思考で打席に入ったとしても、何も起きないんで。常に100点満点を目指す必要はないんですよ」

ここで言う「100点満点」とはヒット、ホームラン。まさに最高の結果だが、どんな一流打者も、チャンスにおいて高確率で結果を残せるとは限らない。むしろ振りにいって三振、0点に終わるケースは少なくない。ならば、プラス思考ではなく、マイナス思考で入る。「何も起きない」とは何なのか、いちばんやってはいけないことは何なのか、考えて打席に立つことが大事になる。

「同じアウトひとつ取られるにしても、簡単に三振する、簡単にポンとフライを上げるんじゃなくて、最低限、自分が何をできるのか。例えば、ワンアウト、ランナー二塁で、サードゴロでは何も起きない。でも、セカンドゴロならランナーが三塁に進んで、次のバッターのときにワンヒットならもちろん、暴投で1点を取れるかもしれない。無死満塁だったら、ダブルプレーでも1点が入る。状況によっては、凡打でも点数が入るんだ、っていうところから、選手たちに説いていきました」

7割の失敗も生かして攻撃してほしい

打撃コーチ就任直後の15年オフ、秋季キャンプ。同年はリーグワーストだったチーム三振数を減らすためにも、石井は練習メニューのなかにあえて〈スイング練習〉を組み込んだ。「1日800スイング」を基本に、「三振したら何も起きない」と選手に意識づける意味もあった。一方でミーティングでは、練習で目指すものと試合で実践すべきこと、その違いに関する理解を求めるため、選手には次のような言葉で伝えたという。

「バットマンとして、目指すところは打率3割という数字。その3割を100点と考えた場合、自分のスキルを上げる練習では100点を目指しなさい。当然、試合でも100点を目指すけれど、試合は〈試し合い〉と書く字のとおり、練習で取り組んだものを試し、できなければまた練習という繰り返しになる。

ただ、試合はゲームでもあり、相手より1点でも多く取れば勝ち。じゃあ、点を取るためにどうすればいいかと考えるとき、漠然と打率3割という100点を目指さないでほしい。3割だけで1点を取りにいくんじゃなくて、残りの7割の失敗も生かしてプラスして、10割を使って攻撃してほしい。ひとつの凡打、失敗でも、いかにランナーを進めるか、得点にするか、というところから考えなさい」

失敗も生かして、10割を使って、成功に近づく——。野球以外のスポーツ、もしくはビジネスにおいても当てはまりそうな考え方だ。

そもそも「野球は失敗のスポーツ」といわれる。石井の考え方に基づけば、「野球は失敗を生かすべきスポーツ」と言い換え可能だろう。ただし、守備の失敗は逆に1点を取られて負けに直結することもあり、この場合、攻撃上の失敗に限られるが、こうも考えられる。チャンスでの打席で、凡打でもいいんだ、と思えば、楽な気持ちで入れるのではないか。

「気持ち的には楽になると思います。僕は現役のときにそうだったので。しかも、結果はひとつですけど、状況に応じて過程はいろいろ、方法もたくさんあります。それこそが打席で自信を持てる根拠だと思うんだけど、方法のなかでどれを選択するかは選手次第。内野ゴロでもランナーを進めるのか、犠牲フライを打つのか。

あるいは後付けでもいいんです。打ち損じが凡打になっちゃって、たまたまランナーが三塁に進んだ。それで三塁ランナーがエラーで還ってきて決勝点になったら、ナイスバッティングなんです。後付けなんだけど、後付けでも全然問題ない、僕はいいと思うんです」

進塁打を筆頭に「凡打でも内容のある凡打を」という教えは、昔から野球界で言われてきたことだ。しかし「後付けでも全然問題ない」とする石井の言葉には、「ただの凡打でも結果がよければＯＫ」という考え方が透けて見える。言い換えれば、点を取ることへの貪欲さにあふれている。

「試合後のコメントで『ヒット3本じゃ勝てない』とか言う監督もいますけど、そうじゃなくて、ヒットがゼロでも点を取れるのが野球なんです。究極は、ヒット0本で勝つことでしょうし、僕自身、コーチとして目指してきたところはそこなんです。先頭がフォアボールで出て、盗塁して、犠打で三塁に送って、犠牲フライで1点です。だから、ゲームでは3割という100点を目指すだけにならないように。

そういう意識を選手が持てたから、当時のカープ打線は、アウトもムダにしない、後ろにつなぐ野球ができてきたんだと思います」

併殺打の間に1点でも「ナイスバッティング！」

つなぐ野球ができた16年。広島のチーム打率は前年の・246から・272へと向上し、得点は506から684へと跳ね上がった。さらに翌17年は打率・273で得点は736と、いずれも2年連続で12球団トップの数字。貪欲に点を取ろうとする意識が、選手たちに浸透した証だろうか。

「まずひとつは、前の年と比べてそんなに選手が替わらなかったこと。もうひとつは、選手個々が数字を残して、チームが優勝できたこと。それがすごく次の年の自信につながったと思います。最低限、こういう攻撃をすればチームとして大崩れはしないと、肌で感じていたんじゃないかな。逆に言うと、16年のシーズン当初は、選手のほうに『半信半疑』っていう気持ちがあったと思うんですよ」

打率3割を残せる技術を身につけヒットを打ち、チャンスではランナーを還す打撃で打点を稼ぐ。これを目標とする選手たちが、3割という成功のみならず、凡打という「7割の失敗」も生かして点を取りにいく、という方針を示されたのだ。「半信半疑」も仕方なかっただろうし、戸惑いもあっただろう。

「半信半疑といっても、僕が示した方針は新しいものじゃないんです。最低限の攻撃は当たり前だし、選手もすぐ理解はしてくれました。ただ、それでもチャンスの場面で打席に立ったら、なかなかそうはいかない。きれいなヒットを打ったなかで1点を取りたい、という気持ちがすごく強いので。
だから、しつこいぐらいに言いました。実行するのは選手で、僕らコーチは本当に『言うは易し』で、言うことしかできません。試合ではグラウンドに立って選手と一緒に動けるわけじゃないですからね。そういう意味でも、いかに意識を持たせるか、というところでした。僕らが重点を置いたのは」

16年2月のキャンプにおける実戦練習、紅白戦からオープン戦にかけて、選手が攻撃時に「7割の失敗」を生かした場合、石井はしっかりと評価することにした。当時の広島の一軍には石井のほかに東出輝裕、迎祐一郎とふたりの打撃コーチがいたが、そのふたりに対しても、ひとつの凡打を評価するよう求めた。

試合中のベンチ内。コーチがワンプレーを評価すれば、選手も手を叩くようになる。例えば、無死満塁の場面で併殺打でも、その間に1点が入るから「ナイスバッティング！」。犠牲フライで1点でも「ナイスバッティング！」。満塁というビッグチャンスで1点しか取れなかった……とは考えない。たとえ点が入らなくても、ひとつの凡打でランナーが進めば、それだけでベンチが盛り上がるよう仕向けた。

泥臭くても1点を取る姿勢を示したベテラン

近年のプロ野球界で、送りバントを決めた選手を拍手で迎えるシーンは、珍しくなくなった。しかし昭和プロ野球で活躍したOBのなかには、「バントひとつで何を喜んでるんだ」と苦言を呈する御仁もいる。それだけに、送りバントよりもさらに目立たない、凡打による進塁を評価するのは相当に難しかったのではないか。

「確かに、今まではそういう流れでした。でも、その進塁打がきっかけで1点が入って、イチゼロで勝つかもしれない。1点が入れば、グシャッという当たりの、ボテボテの内野ゴロでもいいんだと評価しました。

実際、それですごく印象に残っているのが、16年のゲームです。8月のマツダスタジアム、佳境を迎えた2位ジャイアンツとの3連戦。2連敗して、ここで負けたら2位とのゲーム差が3・5に縮まるという状況でした」

16年8月7日、広島対巨人18回戦は試合序盤から点の取り合いとなった。2回に3点を先制した広島が中盤に逆転され、追いついても終盤に勝ち越される展開。それでも、6対7と1点ビハインドで迎えた9回裏、2死から2番・菊池涼介が起死回生の同点本塁打を放つ。さらに3番・丸佳浩（現・巨人）が四球で出ると、4番・新井貴浩がレフトにタイムリー二塁打を打ってサヨナラ勝ち。劇的な幕切れとなったが、石井自身、この試合で特に印象深かったのが、「劇的ではない新井の打撃」だったという。

「3対5の5回裏、ワンアウト二、三塁。ここで新井のセカンドゴロの間に1点。その後、5対7で迎えた7回裏、ワンアウト一、三塁。またもや新井に回ってきてセカンドゴロでしたが、ボテボテでゲッツー崩れで1点。どちらも追いついてませんが、追いかけるためにはすごく必要な1点でしたし、まさにアウトもムダにしない打撃を、新井が実践したのがキーポイントだったんです」

18年限りで現役を引退した新井だが、この16年は阪神から復帰して2年目で打撃好調。4月に通算２０００安打を達成すると、シーズントータルでは打率・３００、19本塁打、１０１打点という成績を残している。まして、この一戦では4試合ぶりに4番を任されていたのだが、なぜ新井の打撃がカギだったのか。

「2000安打も記録したベテランになると、どうしても自分の形で打ちたくなる。それで結果、三振でも仕方ないって周りも納得します。でも新井は、なんとかしよう、泥臭くてもいいから1点を取ろうという姿勢を率先して示してくれた。『新井さんがやってるんだったら、僕らがやらなきゃ』って、若い選手は強く思いますよね」

「言うは易し」のコーチがしつこく言い続けるよりも、「行なうは難し」の選手自ら模範を示すほうが影響力は強い。それも田中広輔（こうすけ）、菊池、丸、鈴木誠也（せいや）（現・カブス）といった主力以上に、精神的な支柱たるベテラン「新井さん」の影響力は甚大となる。ゆえに、もしもそれだけのベテランが逆にコーチの方針に従わず、好き勝手にやっていたら、その姿を目にした若い選手がどうなるか、石井には容易に想像できたという。

「だから僕は新井に感謝しました。16年のシーズンは、この新井が打つほうで、投げるほうでは黒田（博樹（ひろき））という大黒柱がドンといたのが大きかった。その点、黒田が引退したあと、17年の投手陣はキツかったと思います。

もちろん、みんながんばってましたけど、波があったし、特に8月は苦しかった。それはもう数字がどうというよりも精神的な部分で。ここで黒田みたいなベテランが音頭を取って、若い選手を叱咤してくれたらなあと、打撃コーチとしても思うときはありました。それこそ、甲子園で9点差をひっくり返された試合がそうでした」

はじめに意識ありき

17年5月6日の対阪神戦。広島は5回までに9対0とリードしながら投手陣が乱れ、終わってみれば9対12と大逆転負けを食らった。打線の強さが目立つ反面、投手陣の不備が指摘された同年を象徴する試合展開——。若い投手たちに向かって、「おまえら、なめられてんじゃねえよ！　もう少しがんばれ！」と一喝する黒田の声が、石井の脳裏に響いた。そんなひと言を発するベテランがいたら雰囲気はまったく違ったのに、と思った。

「あの試合は、ここから落ちていくのか、這い上がっていくのか、ひとつの分かれ目だったと思います。コーチとしても悔しかったですけど、でも、これは打つほうは教訓にしようと。シーズンが終わったときに、『あの試合があったからオレらはここまで来られた』って言えるように。だから、何点差あっても、とにかく点を取れるときは取るんだと。あらためて、意識が高まったと思います」

意識が高まる、意識が変わる――。この意識という言葉を、石井はよく使う。コーチの仕事といえば技術指導が主となるところだが、練習では技術よりも意識に重きを置いている。

「僕は『はじめに意識ありき』と思っています。最初から形があるんじゃなくて、意識のあるところにしっかりした形はできる、という考え方。失敗も成功もそうなんですけど、意識を持って取り組んだことを積み重ねてきて、できたものが形だと思うんですよ。で、その取り組みを手伝うのが僕らの仕事じゃないかと」

石井には「打撃とは形がないもの。正解はない」という持論がある。ゆえに選手に対しては、打撃の形自体の良し悪しではなく、「どういう意識を持つとその形に近づけるのか」を伝えているという。

こうした考え方は、石井が現役時代に接したコーチの指導に通じるところはあるのだろうか。横浜時代、入団4年目に投手から野手に転向しただけに、プロに入ってから教わったことは少なくなかったと思われる。

「転向した当初、打撃はもちろん走塁、守備も全部、一から教えていただいたので、コーチの影響力はすごくありました。打撃なら高木由一さん、守備なら岩井隆之さん、走塁なら弘田澄男さん。特に高木さんは最初からずっと一緒で、しばらくは手取り足取りで。それがレギュラーになると、コーチからいろいろ言われなくなったものです。

だから、そのあたり、僕もコーチになって、レギュラーとして出ている選手には静観するというか、ちょっと一歩引いたところから見て、気になるところだけ、ひと言、ふた言、言うぐらい。あまり技術的なことは言わないようにしてきたんですよ」

あえて技術的なことを言うのは、一軍での出場が少ない若い選手。たとえ20代前半であっても、レギュラーの座をつかんだ選手には細かく言わない。

加えて、そうした方針は、コーチの体制によるところも大きかった。前述したとおり、当時の広島には石井、東出、迎と3名の打撃コーチが一軍に配されていたが、この三人体制は他球団でも滅多にない。細かな技術指導のみならず、選手たちのストレスの捌け口については、東出と迎の担当だったという。当時47歳の石井に対して東出37歳、迎36歳と、年齢的に選手に近いこともあった。

ただ、石井自身、守備走塁担当からの配置転換で打撃担当は未経験。現役時代の終盤に二軍野手コーチ補佐を兼任した東出も、一軍専任は初めて。迎は前任の一軍打撃コーチ・新井宏昌（15年限りで退団）の補佐役だったが、やはり一軍コーチの経験はなかった。それだけに、三人体制といっても当初は役割分担が明確ではなく、指導法に試行錯誤もあり、全員が仕事に慣れるまでには時間がかかった。

「はじめは3人でなんやかんや、どうしようかっていうことがよくありました。それが2年目になると、若いコーチふたりとも、僕が言いたいこと、チームの攻撃としてやろうとしていることをある程度、把握していました。言う前に全部、終わってる感じだったんですね。逆に僕は何もやってなかったです（笑）」

コーチングとティーチングの違い

冗談も飛び出すほどに、三人体制はうまく回転していたのだろう。何か、チーム内に〈打撃コーチ部〉という部署があって、そのなかで上司の石井が、若いふたりの部下と一緒に仕事に取り組んでいるようなイメージも湧く。

「上司っていうか、本当に僕がやることないぐらい、ふたりがよくやってくれていた。だから、やっぱり一歩引いて、ふたりの仕事を全体的に見ている感じ。それと、技術的なことに関して、16年に優勝できて翌年につながったのは、15年まで指導していたコーチの人たちのおかげだったと思ってます。そこに僕らがプラスしたのが『チームの攻撃としてどう点を取るか』だったので。

そういう意味では、僕の当時の指導はコーチングじゃなくて、ティーチングになってしまっていたんでしょうね。でも、そこはそこで、うまく使い分けられればいいかな、と考えていました」

コーチングとティーチング。どちらも人材育成法という点では同じだが、違うのは、指導する人と指導される人との関係性だ。石井が言うように、コーチによる指導がすべてコーチングとは限らない。

コーチ（coach）には〈競技・演技等の指導員〉のみならず、〈馬車〉〈客車〉という意味がある。すなわち、人や物を目的地まで運んでいく。スポーツ競技に置き換えれば、選手が立てた目標まで一緒に導いていくこと。

これを原点とするコーチングは、指導する人が相手に問いかけて聞くことが出発点となる。目標達成に向け、対話を通して相手が自ら考え、気づき、答えを導き出せるようにうながす。

一方のティーチングは、学校教育で先生が生徒に教えるのと同じ。指導する人が持っている技術、知識、経験などを相手に伝えることで、基本的に対話は必要とされず、対話自体、成立しにくい。

その点、石井が「チームの攻撃としてどう点を取るか」を選手全体に伝えるには、ティーチングが適していたと言える。「チームの攻撃としてどう点を取るか」、その答えはわかっているので、教えて実践につなげればいい。実際、ミーティングで伝えられたあとに「学生のときの授業みたいな感じだった」と振り返る選手もいたそうだ。

しかし石井としては、コーチ就任当初から「なるべく選手目線で、一緒にモノを考えることができれば」というスタンスをとりたかった。つまり「ティーチングよりもコーチング」だと思っていたからこそ、「ティーチングになってしまっていた」というネガティブな表現が出たのだろう。

それでも、すぐに打ち消し、うまく使い分けできればいいと考えられるあたり、指導者としての幅が感じられた。そしてこの幅は、対話が不可欠のコーチングを東出と迎に任せて生まれた部分もあるようだ。まさに「ストレスの捌け口」は対話の始まりなのだから。

ずっと横浜にいてコーチになっていたら

こうした三人体制の効果に手応えを得た石井自身、視野の広がりを感じたという。

「コーチとしての自分がいろいろと考えられるようになって、引き出しが増えたのも、横浜を出て広島で4年間、現役でやったからだと思います。あれが勉強の場だったのかなと。もちろん、20年間、育ててもらった横浜に対して愛着はありますし、当時、このチームをどうにかしたいという気持ちもありました。

でも、ずっと横浜にいてコーチになっていたら、僕自身のプライドが強過ぎて、『自分はこうやってきたんだから』って押しつけて、選手を型にはめるというか、それ以上の指導はできなかったのかなと。そういう意味では、僕のなかでは、横浜を出たことで成長できた、と思っています」

コーチがプライド高く、自身の経験を選手に押しつけ、型にはめるような指導をする

――。これでは、選手が意識を変え、高める余地もなくなってしまう。

過去のプロ野球界には、そうした指導で成功したケースもあるのだろうが、広島の4年間で引き出しが増えた石井は、「はじめに意識ありき」で選手と向き合ってきた。そのなかで田中・菊池・丸の1・2・3番が確立し、鈴木が4番を任されるまでに成長を遂げた。

18年に石井が打撃コーチに就任したヤクルトはチーム打率が前年リーグ6位の・234から1位の・266へ、得点も6位の473から2位の658へと向上。順位は最下位から2位に浮上した。19年はチームが最下位に逆戻りしたものの、村上宗隆が高卒2年目で大ブレイクしている。

続く巨人では打撃も守備も指導する野手総合コーチとして、20年のリーグ優勝に貢献。ベテランの中島宏之(ひろゆき)を復活させるなど、行く先々で結果を出してきた。

「結果を出したのはチームであって、選手ですよ。僕は舞台でいえば演技指導みたいなことをやって、どう見せるかを考えてきただけ。実際には、選手が自分の能力だけじゃなく感性まで生かして、うまくグラウンドで表現してくれたところもある。

そういう意味では、よく、誰々を育てたっていうコーチの話がありますけど、逆に僕が選手に育てられたと思っているんです。だから、カープの選手とふたりの打撃コーチには今もすごく感謝しています」

コーチ三人体制は17年限りで解散したが、東出、迎は翌18年も留任。セ・リーグ史上、巨人以外では初となるリーグ3連覇に貢献した。監督が緒方孝市から佐々岡真司に交代した20年以降も、両コーチは広島で指導を続けている。

広島では鈴木のあとに西川龍馬、坂倉将吾、小園海斗、ヤクルトでは村上に加えて塩見泰隆、さらに巨人でも吉川尚輝――。各チームで若手打者が育つ土壌ができているのは、石井のコーチングが生きている、ということではないか。

そして22年から、石井自身、「どうにかしたい」と思っていた古巣での指導が始まった。19年ドラフト1位で入団した森敬斗を筆頭に、牧秀悟に続く若い野手の成長に大きな期待がかかる。

第2章　鳥越裕介

とりごえ・ゆうすけ　1971年大分県生まれ。臼杵(うすき)高から明治大へ進み、93年ドラフトで中日を逆指名した。97年は124試合に出場し、遊撃手の守備率・997という日本記録を達成。99年シーズン中に福岡ダイエー（現・福岡ソフトバンク）へ移籍して06年までプレイした。ポジション別通算出場数は遊撃手774、二塁手121、三塁手106、外野手40、一塁手8。07年から17年まで福岡ソフトバンクでコーチ、二軍監督を歴任し、18年から千葉ロッテのヘッドコーチ、21年から同二軍監督をつとめる。

自分では鬼の部分は出してないつもりでした

2021年、ロッテの二軍が7年ぶりにイースタン・リーグ優勝を果たした。監督の鳥越裕介はソフトバンク時代にも二軍を率いた経験を持ち、当時から「二軍でも勝つことが

井口監督（左）と出会って約30年になる（写真は一軍ヘッドコーチ時代）

大事」という方針。阪神とのファーム日本選手権では惜敗したものの、まさに方針どおりに結果も出したわけだ。

もっとも、鳥越がロッテに招聘されたときは、一軍ヘッド兼内野守備走塁コーチだった。17年オフ、監督に就任した井口資仁から声がかかった。

井口にとって、鳥越は現役時代に二遊間コンビを組んだ間柄でもあり、ソフトバンクでの11年間にわたる指導者経験と実績がチームづくりに不可欠、と考えたのだ。

ソフトバンク二軍監督から一軍内野守備走塁コーチになった11年以降、鳥越は四度のリーグ優勝と日本一に貢献してきた。その間、ロッテは3位が三度と健闘していたが、17年は投打ともに不振を極め、球団ワーストの87敗を喫しての最下位。2年ぶりに日本一を達成したばかりの強豪チームから、同一リーグの低迷チームに移り、まずどういう違いを感じたのか。

「違いというか、福岡のものは福岡に捨ててきたので。基本的には、比べることはしなかったです。新しいところに来て、一から始めるだけ、と思ってました。ユニフォームが違えば、場所も違う、何もかも違うのは当然。比べようもないですから」

きっぱりと言う鳥越の入団が発表されたのは、17年11月21日のこと。日本シリーズが閉幕して20日も経っていない時期だったが、新生マリーンズの鴨川秋季キャンプはすでに終わっていた。したがって、正式にチームに合流したのは翌18年2月の石垣島春季キャンプから。鳥越自身、一部で「鬼軍曹」と称されていることを自覚していただけに、初対面での反応は気になっていた。

「自分では鬼の部分は出してないつもりだったんですけど……(笑)。探りの目で見られるのは当然だと思ってました。でも、前の年に自分がいたチームが勝ったからか、こちらのチームのみんながいい感じで迎え入れてくれたんです。それでキャンプでは選手もよくついてきてくれたところもあったし、ありがたかったですね。ただ、知らないことだらけだったので、まずは知ること、見ることから始めて。選手だけでなく、スタッフ、大きく言えばチーム全体を知らないと」

技術よりもまず人だ、と思ってるんで

知ることの第一歩は、「監督の野球」。

井口と鳥越の出会いは、1993年、日米大学野球のオールジャパンメンバーに選ばれた当時までさかのぼる。青山学院大1年の井口に対し、鳥越は明治大4年で3つ年上だった。そして同年のドラフトで、鳥越は中日を逆指名して2位で入団する。

一方の井口は、96年ドラフトでダイエー（現・ソフトバンク）を逆指名して1位で入団。すると、99年のシーズン途中、鳥越が中日から移籍してチームメイトとなった。2001年から3年間は二塁・井口、遊撃・鳥越でコンビを組んだとあって、監督・コーチの関係でも〝阿吽（あうん）の呼吸〟が生かされたのではないか。

「いやもう、彼はメジャーリーガーですからね。でも、あの、ホワイトソックス時代にシ

ヨートを守ってたホアン・ウリベ君？　彼よりはいいコンビでいけると思ってたんで（笑）。だから監督から直に口説かれたとき、周りの何人かに相談したらほぼほぼ反対されたんですが、僕は決めてました。自分の野球人生で、千葉で野球するとは思ってなかったですけど。九州の人間で、福岡出るとなって大変でしたけど、監督が何を目指すのか。まずそこを知ってからだと考えてました」

監督就任にあたり、井口は「機動力を生かした〝1点を取る野球〟」を掲げた一方、「コミュニケーション重視のチームづくり」も掲げていた。監督自ら選手としっかり対話できるほうがいい、という考えを持つ。

反対に、選手との対話は必要最低限に留める指揮官もいるが、井口のような方針でも、ときには直に言わず、間にひとり入ったほうがいいケースもあるだろう。それはヘッドコーチの役割のひとつでもあるが、鳥越はいかにして選手とコミュニケーションを取ってきたのか。

「選手のことを知るために、マリーンズで初めてのキャンプでは冗談を言うことから始めました。鬼じゃないけど、どうしても怖いイメージがあったんでしょうから、自分の人となりをさらけ出すことから始めて。朝ご飯のときからグラウンドでも、積極的に声をかけましたね。

僕自身、技術よりもまず人だ、と思ってるんで、性格を知らないと何ともアプローチできません。だから冗談を言ったときに、どんな表情するのかな、あっ、こいつは乗ってくるんだ、こいつは声かけられると引くのかな、とか」

個人差はあったものの、声をかけられた選手は全般にうれしそうだった。新任コーチとしては、前年に87敗もしたチームなりの反応もあるのでは、と心配していたが杞憂に終わった。みんな自分を受け入れてくれてるんだな、という実感を得た。

「だいたい、他愛もない話から入るんです。当時ルーキーだった安田（尚憲）には『お父さん、何歳？』って聞いて、『よかった、年上で』とか話しながらプライベートのことも聞いて。あとは、結婚してるかどうかも知らない選手に、『え？　おまえ、結婚してんの？』とか。『え？　おまえ、そんな老けてるのにまだ23？　ごめんごめん、オレ、おまえのこと全然、知らねえな』とか（笑）。そういう感じで、笑いですよね。笑顔を見せてもらいたいがために、いろんな冗談を言いましたね」

球の扱いひとつ、練習と試合の差があり過ぎた

ある程度、選手たちの性格を把握し、あらためてグラウンドでの動きを見ていくと、鳥越にはひとつの思いが湧き上がってきた。

「僕がキャンプで思ったのは、『なんでそんなに負けちゃったの?』っていうぐらい、悪くないということでした。だから『おまえら、いけるやん、全然、悪くない』ってみんなに言いました。いい子たちばっかりだったんで。なぜ、そんなに負けてしまったのか、逆に不思議でしたね」

とはいえ、必要以上に敗因を求めて過去に戻るのではなく、未来に向かって勝つためにどうするか、それを優先して実行するほうがよっぽど大事、と鳥越は思い直した。

「じゃあ、突き抜けて勝つだけの力があったかといったら、まだそこまでのポテンシャルはなかったですね。でも、やるべきことをきっちりやっておけば、それなりに戦えるものはあると思ったし、そんなに負けねえだろ?　とにかく勝率5割で食いついていくぐらいはできるだろ?って言えるだけのレベルにはあると思いました。

プロ野球のペナントレースというのは、どんなに強いところでも60ぐらいは負けます。そのなかで、どう勝ちと負けの差を少なくして、どう勝ちを先行させていくか、だけなので。だから実際、いけると思ってましたよ」

その点、内野守備コーチとしては、選手たちが「やるべきこと」は明白、と感じていた。鳥越が就任する前、17年のチーム失策数は89個で12球団ワーストだった。守備率は・984という数字で並ぶ球団はほかに3つあったのだが、ロッテの場合は内野陣が不安定。特に7人が守った三塁で合計18失策、4人が守った遊撃で合計25失策と、三遊間で合計すれば43失策。この数字が40を超えたのは両リーグでロッテだけで、12球団最少のソフトバンクに比べれば26個も多かった。

守備力向上に向けて、どこから着手したのか。

「キャンプから選手に言い続けたのは『練習の質を上げよう』ということでした。球の扱いひとつ、練習と試合との差があり過ぎると感じたので。

『練習というのはウォーミングアップみたいなものじゃないよ、全部、ゲームと同じなんだよ。シチュエーションが違うから、100%、ゲームと同じようにはできないかもしれ

したもんね。ホークスでは、やらなきゃダメ、という雰囲気をずーっとつくっていったら、エラーしなくなりましたから」

これは17年のソフトバンクのチーム失策数のことだ。38失策は1991年の西武に並ぶシーズン最少失策（91年は130試合制、17年は143試合制）で、チーム守備率・993はプロ野球新記録。同じプロならどのチームでもできる、当然、ロッテでもできる、と鳥越は考えていた。

「できるんですけど、みんな、わかってるんですけど、すこーし、疎かになっていた。やっぱり人間なんで、楽したいんで。でも、楽したら負けるよ。オレはそう思うけれど、キミたちはどう思いますか？って言ったら、納得感があったはずなんですね。だったら、やりましょう。それしかなかったですよ」

19年、ロッテのチーム失策数は前年74個からさらに改善され、リーグ最少の67個。守備率・988はソフトバンクよりも1厘高かった。翌20年はコロナ禍で120試合制となったなか、失策数は53個で2年連続リーグ最少。21年の失策数は73個でリーグ4位となったものの、19年オフに堅守の鈴木大地が移籍し、20年から若手の安田が三塁を100試合近く守っている。それらの変化を踏まえれば、確実に「雰囲気」がつくられたと言えそうだ。

なんでも怒られないようにやるのは違うだろ?

チームの守備力が向上していく間、鳥越はずっと守りを注視していたわけではない。当初は一軍ヘッド兼内野守備走塁コーチだったのが18年途中からヘッド専任となり、20年はヘッド兼内野守備担当。そして21年から二軍監督と、毎年、配置転換がなされてきた。その間、ロッテの順位は5位、4位、2位、2位と上向いてきたが、コーチとしてチームをどう変えてきたのか。

「まず大前提として、みんなプロなんで。選ばれて入ってきているんだ、っていうことを常に自覚してプレイしてほしい、と思っていました。その点、僕が最初にマリーンズの選手を見て感じたのは、選手たちが練習のときから失敗しないように、当たり障りのないようにやっているな、ということでした。これは要するに、今の若い世代独特の姿勢なんでしょう。なんでも怒られないようにやる、みたいな。でも、それは違うだろ?って」

若い選手たちが変に優等生になっている——。そのように感じた鳥越は、プロとしてパフォーマンスを上げるためにどうすべきなのか、選手たちに説いた。

技術を高めるためには、いかにたくさん成功するかが大事になる。その途上では失敗するリスクもあるけれど、失敗から学ぶこともたくさんある。だから、どんどん失敗して経験値を上げなければいけない――。例として盗塁を挙げ、こう言った。

「スチールひとつ、失敗しないためには走らないのがいちばんいいんだよ。でも、走らないとセーフかアウトかもわからんし、そこの経験値がないと技術は絶対に上がらない。確かに、スチールするなかでは牽制(けんせい)でアウトになることもあるよ。でも、そういうミスも乗り越えていかないと、本当のプレッシャーがかかったゲームでスタート切れないでしょ？ だから今のうちにどんどんいきましょう」

監督の井口が〈走塁改革〉を掲げた18年。盗塁数が増えたのみならず、俊足ではない選手もスキあらば次の塁を狙い、足をからめて1点を取りにいく攻撃を実行できていた。同年は走塁コーチも兼任していた鳥越は、選手のプレイに対する姿勢を変えないことには監督の目指す野球はできない、と見ていたのだ。

「必要なのは、勇気と覚悟を持ってどんどんいくことです。これはランナーのスチールだけじゃない、ピッチャーにしてもそう。僕は勇気のない奴はいらん、と思ってます。マウンドに上がったピッチャーはチームの代表なんだから、勇気を持って腕を振ってくれと。逆に、勇気と覚悟を持ってプレイする姿がある限り、あんまり僕から言うことはないんです。ゲームで、やるか、やられるか、というなかで『がんばれ』って思うだけで。同じ失敗を何度も繰り返しちゃダメですけど『相手もプロなんでやられることはあるし、相手も同じ人間、そこでへこたれるな』って言うだけで」

どんなに野球がうまくても普通のことができなきゃダメ

10年以上のコーチ経験がある鳥越でも、現役時代にそうだったとおりに「自分で腹をくくるほうが簡単」と思うときが今もあるという。パフォーマンスを出すのが選手である以上、コーチは人に任せないといけない立場。だが、まだ任せきれないと感じる選手もいるから難しい。

そこで、任せられるかどうかは選手の姿で判断するようにしている。姿が弱ければ任せられないので、勇気と覚悟を持った姿をぜひ見せてくれ、と願っている。ただ、弱いか強いかはあくまでも見た目の印象であり、内面の表れ方も選手個々で違いがありそうだ。そのあたりはどう受け止めているのだろう。

「やはり、僕らが選手ひとりひとりをしっかり見ておかなきゃいけない、ということですよ。そのためにまず選手の性格を把握しておいて、どういう失敗なのか、どういう成功なのか、そのときにどういう気持ちだったのか、というところをちゃんと見てあげる。でないと選手に対して失礼ですから。

もちろん、いかなる理由があっても、理不尽なことなんか絶対に言ってはいけないですし。その上で僕らができることは、前提として、勇気と覚悟を持ってプレイしないとダメだ、という雰囲気をどんどんつくることですね」

チームの守備力向上を目指す上でも有効だった「雰囲気づくり」は、鳥越がコーチとして特に重視しているものだ。すなわちこの場合の雰囲気とは、誰かが指示しなくても、そのとき、その瞬間、最良の結果を得るために何をすべきか、選手個々がおのずと理解し、実行する状態にさせるもの。

むろん、結果がよければ雰囲気は一段とよくなるわけだが、反対に悪いとき、いい雰囲気を保てるかどうかが大事になる。そんなときにカギを握るのは「野球の技術が高い人間じゃなくて、普通のことができる人間です」と鳥越は言う。

「シーズン中はもう毎日、野球、野球、野球って言うんですけど、結局、どういう人間になるかだと思うんです。僕自身も大した人間じゃないので、技術を高められたら、あとは立派な人間になりましょう、と思うだけで。

『あんた、そこにゴミ落ちてんのに気づかないの？　気づかないんなら、どんだけホームラン打ってもつまらんよ』って。『困ってるおばあちゃん、そこの階段でうずくまってるの見て、あんた、素通りするの？』って。どんなに野球がうまくても、そういう普通のことができなきゃダメなんじゃない？って僕は思います」

ソフトバンクのコーチ時代、鳥越は「普通のこと」ができない選手に対して練習時以上に厳しく指導した。あいさつの声が小さければ、やり直させるのは当たり前。グラウンド外でも、例えば、風呂場の脱衣所でスリッパが揃っていなかったら、主力選手であってもキツく叱った。日常生活を大事にしている選手こそが逆境に強い、ということか。

「いや、日常生活が大事、じゃなくて、それが普通なんじゃないですか？　僕は『プロ野球選手、偉いの？』って思う。『お金持ってるだけでしょ？　お金持ってる人はほかにいっぱいいるし、お金あるの今だけでしょ？』って。そのことを自覚して、普通に普通のことができる選手であってほしい。

僕はずっとホークスでコーチをしてきて、それがいちばん大事だと教えてもらったんですけど、マリーンズに移ったときから、このチームは普通のことができる選手が多いと感じていました。ホークスとは比べてなかったと言いましたけど、『おまえら、こういうとこは勝ってるで。それは全然、ええよ』って言ったことありますから」

父性と母性、両方を併せ持つ指導者を目指す

チームの「雰囲気づくり」のカギを握るのは、チームの結果にも自身の結果にも左右されず、普通のことができる選手——。これは鳥越が現役を引退し、ソフトバンク二軍の指導者になったときから変わらない考えだという。「二軍でも勝つことが大事」という方針も、チームの雰囲気を何より重視していたからだった。

一方で当時、若手を育成する二軍の指導者ならではの責任を思い知らされていた。

「選手の親御さんから、よく『お願いします』って言われてたんです。特にキャンプで新人選手の親御さんに会ったとき。みなさん、僕より年上なんですけど、『監督、ウチの子、よろしくお願いします』って頭を下げるんですよ。

これはもう自分自身、大変なものを預かるんだな、という責任の重さを感じましたよね。僕は子どももいないんで、何とも言えないところはあるんですけど、そのとき、親にとって子どもは宝物なんだって教えられました。そこで、子どもが宝物ならば、そのまま選手は宝物なんだから、僕らが本当にしっかり見てあげなきゃいけないと痛感したんです」

若い選手を指導するのは子育てと一緒なんじゃないか――。鳥越はそんな気づきを得ながら二軍監督、コーチをつとめてきた。「プロ野球選手も一社会人であって、日常生活という普通のことを普通にできなくて何が偉いのか」という考えを持つだけに、必然的に、「目指すべき指導者像は親だ」と思うようになった。

「お父さんであり、お母さん。父性と母性、両方を併せ持っているコーチを目指してやってきました。例えば、今、言ったように僕は経験ないんですけど、子どもって、すぐ親の真似(まね)をすると思います。だったらコーチとして、選手の前での言動、行動には気をつけないといけない。子どもはよいことより悪いことを真似しがちだっていいますからね。

ご飯のときに肘をつかないとか、家庭でもルールってあると思うんですけど、まず親が見本を見せないといけない。それでも子どもが肘をついていたらただ叱るんじゃなくて、こういうルールなんだよって教えてあげなきゃいけない。野球の現場も家庭も一緒だと思いますね」

星野さんよりも100倍怖かった、島野さん

当然ながら、親と同じように向き合うといっても、ただ日常生活から選手を厳しく見守るだけではない。

二軍でも一軍でも、ノックをすれば、1球ずつ、心を込めて打つ。一瞬たりとも気を抜かずに打つことで、練習であっても試合と同じ集中度と真剣味が生まれ、その雰囲気を選手間にもたらす。わずかでも気の緩みが見える選手がいれば、実績十分であっても、何度もゴールデン・グラブ賞を受賞した主力選手であっても、厳しく叱る。

果たして、そこまで徹底して指導する姿勢はどこでどう培われたのか。特に影響を受け

た指導者はいたのだろうか。

「13年間の現役生活すべてでしょうね。中日から始まってダイエー、ソフトバンクでやらせてもらいましたけど、それぞれの会社から、首脳陣の方から、出会った人すべてですね、よいものも、悪いものも。

例えば、上の人から理不尽な感じで言われたときに、正直、おかしい、こんなんあり得ないだろうって思ったこと。自分が指導する立場になったとき、そういうことは絶対、自分ではやりたくないという思いがありました。確かに、コーチとして選手を厳しく叱ってきましたけど、それにはそれなりの理由があるわけで。そういう面で唯一、名前を挙げるとしたら、島野育夫さんです」

現役時代は中日、南海（現・ソフトバンク）、阪神で19年間、外野手としてプレイし、1980年限りで引退後は阪神、中日でコーチ、二軍監督をつとめた島野育夫。星野仙一が中日、阪神で監督をつとめた際に重用され、作戦参謀として不可欠の存在だったことで知られる。

島野は2007年に63歳の若さで鬼籍に入り、星野も18年に逝去したが、いずれも生前、中日時代の鳥越を指導した野球人である。そのなかで島野と鳥越が出会ったのは1995年、阪神から移籍した島野が二軍監督に就任したときだった。

「島野さんはですね、あの人、星野さんよりも100倍ぐらい怖かったです。あるときなんか、『この人には殺される……』と思いました（笑）。星野さんにとって僕は明治大の後輩でもあり、それはもうボッコボコにやられましたけど、『殺される』とは思わなかったです。でも島野さんには1回だけ、後ろからグワーッて来られたときがあって、殴られてはないんですけど、目に血管がグーッと出てたんで、『うわ、殺される……』って」

親だからこそ、子に対して鬼になるべきときはある

試合で全力疾走しなかったり、ベースカバーに入らなかったり、怠慢プレーがあった選手に対して島野は激怒した。が、鳥越自身、野球で怒られたことは滅多になかった。実際、「殺される」と思ったときも野球ではなく、若さゆえの生意気な態度が怒りを買った。

要は、日常生活の「普通のこと」を疎かにしていたのだが、鳥越にすれば疎かにならざるを得ない理由があった。だから、島野に注意された瞬間は理不尽だと感じ、思わず態度

に出てしまったのだった。

「若かったな、生意気だったな、と自分で思います。ただ、ここでいちばん言いたいのは、あの人に怒られて納得感があった、ということです。言われた瞬間は感情的になってわからなかったのが、目が血走るほどに本気で怒られたとき、それは言われるよね、しょうがないよね、って理解できた。しかも、怒ったら怖いけど、よく冗談も言って、ものすごくいいオッサンで。指導者はそういうふうにならなきゃダメだと思いましたし、このときの経験は今につながっています」

思いがけず、島野のやさしさを実感したこともあった。

1999年6月、シーズン途中のトレードで鳥越のダイエー移籍が決まったとき。すぐに福岡に行かなければならなかったが、「おい、ちょっと出て来い」と連絡があった。言われた店に行ってみると、少人数だったがチームメイトとスタッフが集まっていた。「おまえのお別れ会だ」と島野が言った。

ささやかな送別会に感謝しながらダイエーに移ったあと。機会は多くなかったが、鳥越は島野に会うたびに「よう、がんばってるな」と声をかけられた。特別に打って活躍しているわけでもない、守備要員でベンチに控えることが多かったから、「なんで？　いやいやいや、全然ダメですよ、僕。生活のこと考えるので精一杯ですから」と返しても、「いや、ようがんばっとる」だった。

「何かと思ったら、一軍にいるってことなんですね。一軍にいることが、選手としてよくがんばっていることなんだって、引退して、二軍のコーチになって初めてわかりました。だから僕は、一軍コーチのときには島野さんをお手本にして、二軍の選手にも『ようがんばっとるな』って言うようにしてました。なんていうことないんですよ、その言葉自体はね。でも、すごい言葉だと思います」

ヘッドコーチとしては一部で「鬼軍曹」と称されつつ、指導者として「親」を目指す鳥越の原点が、島野育夫という野球人の言葉にあった。

「親だからこそ、子に対して『それはあかん！』って、鬼にならないといけないときはあります。僕も年を取ったんで、ガーッて怒ったりはしないですけどね。

そして、原点は島野さんだとしても、今につながっているのは本当に各監督、各コーチの方との出会いです。監督は星野さん、高木守道さん、王貞治さんに仕えましたけど、どの監督もみなさんよく使ってくれましたよ、僕みたいな選手を。だから、そういうことも含めて、13年間すべてだと思っています」

第3章　橋上秀樹

はしがみ・ひでき　１９６５年千葉県生まれ。安田学園から83年ドラフト3位でヤクルトに入団。捕手から外野手に転向し、92年に自己最多の１０７試合出場。左投手キラーとして野村克也監督に重用された。97年に日本ハム、00年に阪神へ移籍し、同年に引退。05〜09年と15年に東北楽天、12〜14年に巨人、16〜18年に埼玉西武、19年に東京ヤクルトでコーチを歴任。11年に独立リーグ新潟アルビレックスＢＣの監督をつとめ、21年に同チームの監督に復帰した。

データを提示しながら個別の対話を心がける

ひとりのコーチの加入が、「隠れた補強」と報じられた。２０１６年、橋上秀樹が西武の作戦コーチに就任したときのことだ。

現役時代は左腕キラー。92年日本シリーズで工藤公康からホームランを打った（写真は西武コーチ時代）

その前年、西武は2年連続Bクラスの4位に終わりながら、目立った戦力補強がなかった。ゆえに「新任コーチが新戦力」というわけだが、なかには「最大の補強」と称する媒体もあったほど。いったいなぜ、そこまで期待されたのか。

現役時代、橋上はヤクルト、阪神で野村克也監督の薫陶を受けている。引退後は楽天のヘッドコーチとして、かねてから野村監督が標榜（ひょうぼう）する〝ID野球〟を支えた。

近年、橋上と同時代にプレイした〝野村チルドレン〟が、続々と指導者になっている。2022年開幕時はヤクルト・

高津臣吾、阪神・矢野燿大（あきひろ）、楽天・石井一久、日本ハム・新庄剛志、西武・辻発彦と監督だけで5人もいて、稲葉篤紀（あつのり）（現・日本ハムGM）、栗山英樹（前・日本ハム監督）は侍ジャパンの前監督と現監督。コーチとなると8球団に広がって20人以上を数える。

そんななか、橋上ほど野村監督に信頼された指導者はいないだろう。なにしろ楽天では、野村が野球学を伝えるための〝監督ミーティング〟のすべてを任されていた。監督本人は出席せず、ヘッドの橋上が監督に代わって選手たちに講義していたのだ。そうして、09年には球団初のクライマックスシリーズ出場という成果につなげた。

さらに楽天退団後、11年は独立リーグ・BCリーグの新潟で監督。12年には巨人・原監督の下で戦略コーチに就任すると、同年の日本一と14年までのリーグ3連覇に貢献。その間、13年のWBCでは日本代表の戦略コーチも担っていた。

コーチングにあたって、常にデータを活用してきた理論派の橋上が、これだけの経験と指導実績を積み重ねている。それこそが期待された理由なのだが、15年オフ、西武球団から請われた際には「大味な打線の体質改善を求められました」と橋上は言う。

「三振を減らしてほしい、というのがまず第一でした。私が就任したその年、西武はチームで1200近い三振をしていて、12球団で最も多かった。じゃあ、いかに数を減らせるかといったら、選手の意識を変えなきゃどうしようもない。

ただ、かといって、三振を減らすことで、もともと選手が持っているバッティングのポテンシャルを落としたり、攻撃力を低下させたりしては意味がないわけです。そこで、あくまでも攻撃力は最低でも維持させながら三振を減らす。そのために私自身、選手の意識の部分に働きかけようと、データを提示しながら個別の対話を心がけました」

当初はうまくいかなかった、選手個々の意識改革

西武は田邊徳雄（たなべのりお）監督が就任した15年に1194三振、その前年も1234三振と、2年連続で1100三振を超えて12球団ワーストだった。特に、14年は本塁打が125本でリーグトップだった反面、打率・248はリーグワースト。盗塁数も少なく、一発頼みのような打線で、2年連続Bクラスの要因となっていた。

それだけに、新任の作戦コーチに対する周りの期待度は高かった。まずは橋上自身、全体ミーティングとは別に、楽天、巨人で功を奏した個別ミーティングを行なっていく。狙

い球の絞り込みなど、具体的なアドバイスによって選手個々の意識改革をうながした。が、当初はなかなかうまくいかなかったという。

「西武は個性豊かな選手が多い、というのがまずひとつ。と同時に、データや数字にあまり着目せずに選手が育ってきた過程があるような印象も受けました。ただ、そういう選手もある程度、一軍で数字を残している。となると、新たなものを取り込ませるのは難しいなと思いつつ、私自身には、呼ばれた以上はなんとかしなきゃ、という思いがある。

だから若干、コミュニケーション不足かな、と感じながらも成果に執着し、結果を急ぎ過ぎた部分が正直、ありましたね。やはり、根本的な選手とのコミュニケーション、信頼関係の構築が必要不可欠であって、そこをないがしろにしてしまうと、どんな言葉で伝えても相手に浸透するものじゃないな、と痛感しました」

どんなに指導実績があるコーチの言葉も、選手との信頼関係が構築できていなければ伝わらない。とはいえ、指導者としての準備に抜かりはなかった。16年2月のキャンプ中、橋上は選手それぞれの能力を考慮して指示を出していた。

例えば、15年の選手個人の三振数。リーグワースト1位が中村剛也(たけや)で172個、2位がメヒアで153個、3位が森友哉で143個、そして4位が浅村栄斗(現・楽天)で136個と「上位」4人までを西武勢が占めていた。

これを受けて橋上は「(本塁打を量産する)中村とメヒアの三振が多いのは仕方ない」としていた。そのかわり「もともと能力が高い浅村は状況に応じたバッティングができるはず」として、浅村とは個別に対話。また、15年は高卒2年目ながら打率・287と確実性があり、選球眼にも優れる森とも一対一で向き合った。結果、両選手とも、2ストライクと追い込まれたあとの打撃の改善を目標に掲げ、つなぐ打撃の大切さを再認識していたという。

選手とのギクシャクした関係を乗り越えて目標達成

ところが、いざ16年のシーズンが始まり、チームとしての結果が出ない状況が続くと、橋上と選手との関係がギクシャクし始めた。前半戦が終わるころには、内部の不平不満がマスコミにも漏れ伝わった。

すなわち、〈選手へのきめ細かな個別ミーティングを売りに、大味な西武野球の改革者となるはずだった〉のが、〈個別のアドバイスはあるが、作戦がチーム全体で共有できていない。試合中に選手個々が橋上コーチに作戦を確認しに行くようなおかしな状況が続いている〉といった現場の声が、スポーツ紙で報道されることもあったのだ。

「新聞報道は間違ってないです。それだけでなく、私よりも西武に長くいて、すでに選手との信頼関係が築けているバッティングコーチとのコミュニケーションでも同じような部分があって……。直接的な技術指導をするコーチをないがしろにしたわけではまったくないんですけど、あのとき、私が『選手ありき』でアプローチしたのもよくなかったな、と思います。バッティングに関することはまずバッティングコーチに伝えて、それから選手、という形でやっていかないといけなかったんです」

作戦コーチという立場の難しさもあった。球団から求められた「三振の減少」は、バッティングに関わることでしかない。本来はバッティングコーチが担当すべき課題だが、球団は作戦コーチを頼りにした。すると橋上は、三振を減らせるか否かは技術よりも意識の問題だとして、個別にデータを提示して選手の心を動かし、考え方を改められるよう助言していく。結果、選手だけに向き合う形になり、技術を指導するバッティングコーチとのコミュニケーションが希薄になってしまったのだ。

それでも橋上自身、チーム内の状況を理解し、至らない部分を自覚したことで前に進んだ。確かに16年、チームの順位は4位で、3年連続Bクラスに終わったものの、打率はリーグ2位、本塁打はトップで、得点は優勝した日本ハムと並んで2位タイ。三振は1071個でリーグ5位ながら、前年比で123個も減っていた。攻撃力は維持しつつ、チーム全体で三振を減らすという目標も達成できていたのだ。

あえてこちらから細かく言わないほうがいいときもある

16年オフ、田邊監督から辻発彦監督に交代。翌17年のシーズンは選手起用も変わっていく途上、橋上はひとりの選手の変化を感じ取っていた。この年、新たにキャプテンに任命された浅村の打撃に違いが見られたという。

「端から見ていても、はっきりとわかりました。特に2ストライク以降の打撃に関して、改善されているところが見えたんです。結局、中心選手がそのように変わると、他の選手がそれを見ながら学ぶ、真似するんですね。いいことにしろ、悪いことにしろ、当時の西武で浅村は影響力がある選手でしたので、彼が打席での意識を変えた、そういうものを見せ始めてくれたときには確かな手応えがありました」

実際、2ストライク以降の打撃の変化はデータに表れていた。三振数を打席数で割った三振率を見ると、浅村の場合、15年は21・7%だったのが、16年は17・7%に減少。さらに17年は15・2%と大幅に改善されていたのだ。もちろん、三振率の改善がそのまま打力の向上につながらない部分もあるが、浅村に限らず他の選手についても、17年途中から意識の変化を実感したと橋上は言う。

「もしかしたら、各選手に伝えてきたことが頭に入ってきているんじゃないかな、と見え始めたときがあったんです。そうなったときは、あえてこちらから細かく言わないようにしていました。私から伝えたことが頭に入って実行し始めているのであれば、今度、新たに疑問ができたら選手のほうから問いかけてくるだろう、と思っていましたので。次の年にはもう、こちらからいろいろ意識させたり、話をしたりすることは減りました」

就任1年目、橋上が選手に個別に話をし、意識を変えるのに有効なデータを伝えると、素直な返事が返ってくる。が、いざ試合が始まると、「はい」と言っていたのにまったく違うことをやっている……。そんな状態から考えれば、格段の進歩だった。

　現に、17年シーズンの西武の三振数は、全６球団が１０００を超えたなか、１０２９個でリーグ３位。１位で最少の楽天にしても１０１８個だったのだから、大差がついていたわけではない。同時に得点数は２位のソフトバンクの６３８に大きく差をつける６９０でリーグ断トツとなり、２年目で一定の成果が出て、チームの順位も２位に躍進した。

打つ以外のことも意識付けできていた〈山賊打線〉

　翌18年、西武の打線は浅村、森に加え、山川穂高、外崎修汰と、思い切りよく振る強打者が開幕から常時出場した。橋上はその影響を見越していたのか、同年の開幕前に話を聞いた際には、「今年は最終的に、三振の数がまた戻ってしまう可能性はあると思います」と苦笑していた。案の定、同年の三振数は１１０３個に増え、リーグワーストとなった。

　とはいえ、西武が10年ぶりにリーグ優勝を果たしたこの年、自身初のフル出場を果たした山川が47本塁打を放ってキングとなり、１２４打点を挙げた。32本塁打を放った浅村は１２７打点で打点王に輝き、森は16本塁打80打点、外崎が18本塁打67打点。そして、１番の秋山翔吾も24本塁打82打点を記録して最多安打のタイトルも獲り、ベテランの中村剛也も28本塁打74打点と、主力６人が打ちまくった。

じつに、チーム得点数は12球団１位の７９２。２位の広島は７２１だった。これだけ高い得点力が生み出され、チームとして最高の結果を残しても、橋上自身、やはり三振の多さは気になっていたのだろうか。

「三振を減らして得点が減るのと、三振が増えても得点が増えるのと、どっちがいいかというと、それは得点が増えたほうがいいと思うんですね。点が入らないと勝てないですから。そのあたり、結果的に三振になっても、私が言ったことを多少、頭に入れつつ、打席に入ってもらえればいいと思っていました」

三振の多さも気にならないほど点を取りまくった打線は、チーム防御率が４・24でリーグ最下位の投手陣もカバーした。「10点取られても11点取る」といわれた野球は見る者すべてに衝撃を与え、球史に残る強力打線には付き物の物騒な異名が、18年の西武打線にもつけられた。ただし、過去の強力打線につけられたマシンガンやミサイル、水爆などの武器・兵器ではなく、山中を根城に人を襲う盗賊——山賊。これは西武の前身、太平洋クラブ時代の異名がリバイバルしたものだった。

1975年、太平洋クラブの選手兼任監督、江藤慎一は打撃主体の豪快な野球を標榜。本塁打王を獲った土井正博、首位打者を獲った白仁天(はくじんてん)を中心に、1番から7番まで一発長打のある打者を並べた。結果、リーグトップのチーム打率・261、同2位の135本塁打を記録して〈山賊打線〉と呼ばれたのだった。

もっとも、西武版の〈山賊打線〉はただ豪快なだけではなかった。チーム盗塁数がリーグトップで足も存分に生かされ、四球数もトップで出塁率は・352と断トツで高かった(2位の日本ハムは・329)。決して、各選手の打力に任せた打線ではなかったわけだが、橋上はどう指導していたのか。

「指導に関して、特別に変えたところはなかったです。前の年も、パ・リーグのなかでは攻撃陣の数字が図抜けてよかったですから。機動力も使えてましたし、選球眼であったり、打席で粘ることであったり、打つ以外のことも意識付けできていたので。

あとは前の年、17年シーズンから辻監督の考えも入って、使われる駒が替わった、という部分もありました。どちらかというと、簡単に三振しないようなバッターを監督が何人か起用してましたので」

即戦力の新人にはあまり口うるさく言わないこと

就任以来、橋上が選手に伝えてきた内容と、辻監督が選手に伝える内容は似通っていて、だいたい同じ方向だった。このことも選手の意識改革をうながしたと思われるが、「簡単に三振しないようなバッター」といえば、秋山とともに源田壮亮（げんだそうすけ）の名が挙げられる。

入団1年目の17年、ちょうど100個の三振を喫した源田だが、三振率は15・5％。秋山の14・7％と比べて大差はなかった。2年目の18年も、源田は101個で15・2％。秋山は96個で14・0％。あらためて、源田を抜擢した指揮官の目に感心させられるが、当時、そもそも起用を提案したのは橋上だと報じられていた。

「提案といえるほど、はっきりしたものではなかったですけど、打線がまだ固まっていないとき、特に2番バッターをどうするかが辻監督のなかでもポイントだと思っていました。監督自身、現役時代に1番もしくは9番を多く打たれていた方なので、つなぎの打順に対する要求も高いわけですよね。なかなか、『じゃあ、これが2番で』って、合格の判を捨してくれる選手がいなかった。だから正直なところ、私のなかで残ってる2番はもう源田しかいなかった、苦肉の策だった、というところはありました」

橋上が「苦肉の策」と言うのは、あくまでも〈2番・源田〉に関してだ。〈ショート・源田〉については、キャンプ序盤から監督と担当コーチともども「しっかり守ってくれる」との確信があった。しかし〝つなぎ役〟の2番として、さまざまな状況に応じて打撃スタイルを変えたり、頭のなかでいろいろなことを考えたり、細かな役割が多い打順を本当に任せられるのか否かはわからなかった。

結局、使ってみての判断になった。オープン戦、残り数試合の動きを見て、監督が「2番は源田」と決めたとき、そこで初めて橋上と意見の一致を見た。ただし、2番とともにショートというポジションもキーになるだけに、開幕から両方を新人に任せるのは酷、という話になり、当初は9番に置いた。

それが、5試合目には2番となって固定された源田は、即レギュラーとして攻守両面で活躍。全143試合フルに出場して打率・270、リーグ2位の37盗塁をマークして新人王に輝いたのだ。指揮官の選手を見る目もさることながら、源田本人の技量・力量も相当のものだと言える。

「能力はもとより、源田はこちらの想像以上に野球を知っていました。結果は別にして、ベンチが求めていることを理解しているな、という打席が非常に多かったですから。

こういう選手の場合、新人であっても、こちらから言うのは最初のうちだけです。あまり口うるさく言って、より考えさせてしまうと逆にマイナスになることもあります。彼の考えているとおりやってもらえればいいのかな、と私が感じたままにしていました」

チームにとって長年の課題だったショートが安定し、2番も固まった。橋上自身、他球団のベンチで西武の野球を見ていた当時から、流動的なショートと2番が気になっていたという。なかに入ってみて、外からの客観視が生かされた面もあったのではなかろうか。

「あったかもしれませんが、監督自身、現役時代に西武でつなぎの打順を任され、センターラインを守っていました。ですから、源田については監督の嗅覚が働いたんじゃないですか。私も提案はしましたけども、いくらコーチが提案しても監督自身が納得しないと決まりませんから。そこはやはり、最終決定した辻監督の嗅覚だったと思います」

おまえの本当の武器は何だ？　何でお金を稼ぐんだ？

源田よりも前、橋上が見惚れた若い選手がいた。作戦コーチに就任して間もない15年オフ。グラウンド上で当時3年目の外野手、金子侑司の動きをひと目見て、閃くものがあった。ただただ、足が光っていたという。

「秋季キャンプで金子を見て、とにかく脚力がすばらしいな、と思って。これは出塁率さえ上げられれば、それこそ盗塁王も夢じゃないな、と感じました。それでキャンプが終わるときに彼と個別で話をしたんです。

『何でお金を稼ぐ気でいるんだ？　オレもいろんなチームを見て、いろんな選手を見てきたけど、おまえの足、かなり飛び抜けてるぞ』っていう話から始めて」

金子はプロ1年目の13年、いきなり開幕スタメンに抜擢され、7番・ライトでデビュー。俊足で身体能力が高く、首脳陣からも大いに期待されていた。が、両打ちの打撃がなかなか安定しない。高校・大学と本職はショートだっただけに、プロで始めた外野守備に慣れるまで時間がかかり、ポジションもはっきりしなかった。結局、3年間、レギュラーの座をつかめないまま臨んだ秋季キャンプで、新任コーチの橋上に出会ったのだった。

まず金子の足に魅せられた橋上だったが、その打撃練習ぶりには若干の疑問を感じていた。というのも、当時の西武では、どちらかといえば「遠くへ飛ばす」という考えが主流になっていた。練習スタイルもその考えのもとで決まっていたのだが、金子が中村や浅村と同じようにバットを振る姿に橋上は違和感を覚えたのだ。

両打ちの金子自身、学生時代から左打席では巧打、右打席では強打という特徴があり、長打力もあった。とはいえ、15年は176打席に立って1本塁打、打率・224、出塁率・271。「この数字でその練習はないだろう」と思い、橋上は金子にこう言った。

「中村とか浅村に比べると、おまえはちょっと違うんじゃないか？　おまえの本当の武器は何だ？　彼らと一緒のようにやっていて、年間30本、40本、打てるのか？　そんなことよりも、押しも押されもせぬレギュラーになるためには何が必要なんだ？」

そこで橋上が例に挙げた選手が、日本ハムの中島卓也（なかしまたくや）だった。中島はその年、プロ7年目で自身初の全試合出場を果たし、初の盗塁王を獲得した。打率は2割6分台ながら出塁率は3割5分と高く、ファウル打ちで粘って投手に球数を投げさせる打撃スタイルが特徴。

守ってはショートのレギュラーに定着し、年俸は4000万円から8000万円に倍増した。金子の年俸がその3分の1以下であることに橋上はあえて言及しつつ、さらにこう続けた（年俸は推定）。

「どう見たって、おまえの持ってる能力のほうが高いんじゃないか？　でも、なんで給料がこんなに違うんだ？　やっぱり、中島は徹底してるだろう？　あいつは自分の打撃スタイルを、『足をより生かすためにはどうするか』というところから考え始めてる。だから、当てにいけ、とは言わないけども、選球眼を磨くなり、ミート率を上げるなりしていこう。で、もしも今オレが言ったことに納得するなり、理解するなりしてくれたなら、来年の春のキャンプ、金子は変わったな、っていう印象を与えられるようにしてくれ」

設定した目標が違う以上は、その過程が変わるのは当たり前

果たして、翌16年の春季キャンプ。橋上から聞くまでもなく、打撃コーチ、走塁コーチが「金子は変わりましたね」と言ってきた。打撃練習ではミートすることに徹し、右打席

と左打席で大きなムラがなくなり、選球眼が改善されつつあった。結果、速球に対して振り負けなくなっていた。

そうして、その年の金子は自身初めて規定打席に到達。打率は2割6分を超え、出塁率は3割3分台に向上した。なおかつ盗塁は一気に53個も決めて、オリックスの糸井嘉男（現・阪神）と盗塁王のタイトルを分け合った。このとき、シーズン終盤、右膝痛を押して試合に出続けた影響で17年シーズンは出遅れたものの、橋上の言葉をきっかけに金子が意識を変えたのは確かだ。

「盗塁王を獲れたのはもちろん走塁コーチの指導があってのことですが、私が言ったことを少しは理解してくれたのかな、と思います。ちょっとした言葉で意識が変わり、成績が変われば野球人生も変わり、人生そのものも変わるんです。だから私は秋季キャンプで最初に金子に言ったあと、他の若い選手たちにも話をしました。『自分の武器は何か、もう一度、考えよう』って。選手はそれぞれ持ち場が違う、役割が違うので、みんな同じようにやっててもダメなんだっていうことを」

自分自身の特徴を突き詰めて考え、チーム内での役割を認識する。その上で目標を設定すれば、おのずと練習方法はそれぞれ違うものになるはず——。橋上はこのことを成長途上の若手たちに伝え、意識付けをうながしていた。そのなかから山川、外崎といった若手もブレイクした。

設定した目標が違う以上は、その過程が変わってくるのは当たり前——。これが橋上の考えで、選手が出した結果以上に過程を重視してきた。すなわち練習＝過程を見ていて、意識の変化が感じられたときこそ、コーチとしていちばん手応えがあったという。

「その点、技術を教える技術コーチの役目と、作戦コーチとしての私の役目の違いもありました。例えば、技術を指導する上では、結果的に練習量が増えることもあるでしょう。でも、私が選手によく言っていたのは、『そんなに練習するなよ』でした（笑）。

いや、技術コーチが課す練習はもちろん必要ですけど、ガーガー叱りつけながらやる練習では身になりません。だから選手には、『練習は量でもないし、時間でもない。結局、どれだけ自分をよく知って、役割を知って、目標設定しているかどうかだよ』と言っていたんです」

コーチが選手を叱りつけて練習させている状況は、選手自身で目標を設定していないことの裏返し。だからといって、指導者が選手に目標設定を指示したのでは、その気になれないのではないか――。橋上はどの球団でもそう考えて指導してきた。

いかにも、金子の場合も、橋上から具体的な目標は示さなかった。そのかわり、金子が自分自身を知るためのヒントを数多く提示していた。

「まずは『己を知れ』ということですよ。極端な話、それだけでいいと思うんです、練習量じゃなくて。結局、自分が現役のころを振り返ってみても、本当に身になる練習ができたのは、自分をよく知ったあとでしたから。

ヤクルト時代、野村克也さんが意識を変えてくれました。まさに、『己を知れ』は野村さんから言われた言葉なんです」

自己分析で己を知ると、ポイントを絞って徹底的に練習できる

野村監督との初めての出会いは、橋上がヤクルトでプレイしていた1990年。東京・安田学園高からドラフト3位で入団して7年目、アメリカはアリゾナ州ユマで行なわれた春季キャンプのときだった。

同年から就任した野村監督は、他の監督と違って、ミーティングではまったく野球の話が出ない。かわりに人生観や仕事観を説いていくなか、選手たちにいちばん求めたのが「変化すること」だった。実際、橋上は野村のひと言によって変化した。

「私は17年間、現役を続けられたんですけど、何がそこまで続いた原因か。それはもう、いろんなコーチの方に指導を受けたこともありますが、いちばん残っているのが、野村さんに言われた『己を知れ』という言葉なんです。『自分がどういう駒だったら、野球選手として生き残っていけるかをしっかり考えなさい』と。言われなかったら、たぶん、みんなと同じような練習しかしてなかったでしょうね。それでは自分の存在価値は見出せなかった、と思うんです」

プロ入り後に捕手から外野手に転向した橋上は、5年目の88年に一軍初出場。翌89年には42試合に出て打率・346、1本塁打、4盗塁と結果を出した。直後に野村監督の就任が決まり、「監督が代わって使われなくなったらどうしよう」と心配していると、案の定、90年は出番が半減。ただ、変化のきっかけは監督から直に授かることになる。ある日の試合前、バッティング練習中に呼び止められ、こう言われた。

「王はバットを一握り余らせて868本打った。オレは二握り余らせて657本打った。おまえさんはバットを目一杯に持ってるけど、これまで何本ホームラン打って、これから何本打つんだ？」

目の前にいる監督はもとより、王貞治を引き合いに出されて橋上はハッとした。それまで、バッティング練習ではただ気持ちよくスタンドに放り込むだけだったのが、すぐさまグリップを二握り上げ、ミート中心に打ち返すことにした。最初は「監督に言われたとおりにバットを短く持たないといかんな」という気持ちしかなかったが、打ち続けているうちにしっくりきた。

「短く持ったことによって、バットの操作性が私にとってはよかったんです。結局、バットコントロールがよくなる、ミート率が上がる、止まらなかったハーフスイングが止まるようになる。すると、三振だったものがフォアボールになる、塁に出ることによって盗塁ができる。となれば、チームにとって作戦がしやすくなる、というところにつながっていったんですね」

ただし、プロの世界、バッティングを変えただけでは生き残れない。当時のヤクルト外野陣は飯田哲也、秦真司、荒井幸雄の3選手でほぼ固まっていた。特にセンターを守る飯田は監督の信頼も厚く、まずスタメンを外されることがない。すると必然的に、橋上のライバルは秦と荒井になる。この両選手よりも自分が上回る部分は何か、考えてみた結果、右打者として「左ピッチャーに絶対的に強くなる」ということが思い浮かんだ。

「秦さんも荒井さんも左の好打者で、対右ピッチャーの打撃力では到底、およばない。右バッターの私は右ピッチャーのスライダーが苦手だったんです。そのかわり、左ピッチャーに対して私は強さがあって、しかも、秦さんと荒井さんに比べれば守備、走塁に不安がなかった。

　ならば、対左のバッティングを磨き、守りと足はふたりよりも飛び抜けて高めようと。要は、それまでやっていなかった自己分析をやって、初めて己を知ったことで、ポイントを絞って徹底的に練習できたんです」

　客観的にチーム構成を見て戦力の不足部分を把握し、ライバルとの比較で優劣を見定める。そうして己を知った橋上は92年、自己最多となる107試合に出場し、同年の西武との日本シリーズでも活躍した。

その後、97年に日本ハムに移籍した橋上は、3年間プレイして自由契約となった。すると99年から阪神を率いていた野村監督に請われ、2000年に移籍。一軍出場は果たせず同年限りで現役引退となったものの、のちに楽天で監督とコーチの関係になる、その原点と言えなくもない。ただ、当時の橋上自身、指導者の道に進むことはまったく考えられなかったという。

野球とは無縁の接客業の経験がコーチングにつながった

引退後しばらく、橋上は野球とは無縁の世界にいた。ゴルフショップの経営に勤しんでいたのだ。

「商売するのも難しいと言われる関西圏で、店長として店に出て、接客をしていました。別にこちらに非がなくても、お客さんにクレームをつけられたら『申し訳ありませんでした』って、ひたすら平謝りしないといけない状況が少なくなかったですね」

店は甲子園球場からほど近い場所にあり、現役当時に副業として始めていたものが本業になった。当初は客商売の難しさを感じる毎日だったが、次第に相手が見えるようになったという。

「平謝りといっても、謝ってるばかりではいつまで経っても話が終わりません。だんだんと、うまく相手の気持ちをなだめていくような話の持っていき方が必要だとわかったり。あるいは、品物をお客さんに勧めるときにも、話の持っていき方が大事だとわかったり。例えば、常連さんなら比較的、強めに押しても大丈夫。逆に、そうでない人は押しちゃダメだとか」

店の経営が軌道に乗った2004年、秋。ヤクルト、阪神時代にコーチだった松井優典(まさのり)に誘われ、橋上は楽天の二軍外野守備・走塁コーチに就任した。05年から球界に新規参入した楽天球団には、近い将来、野村監督を招聘したい意向があり、二軍監督に就任した松井とともに〝野村野球〟を理解する人材として白羽の矢が立ったのだった(05年シーズン途中に松井とともに一軍コーチに配置転換)。

そして、06年に楽天・野村監督が誕生すると、橋上は07年からヘッドコーチとして〝野村野球〟を支えていく。そのときに大いに生かされたのが、4年間にわたる接客業の経験だった。

「選手はみんな個性があります。何事も一度に、全員にしっかり伝えるのは難しいものです。そこで個別に、この選手には少し話を多めに、とか、この選手にはあまり言わずに、逆に聞きたいと思わせるように、とか。強弱、メリハリをつけられたのも、接客業の経験が生きたと思うんですね。

だから、あのゴルフショップでの4年間がなかったら、私は長くコーチをできなかったと思いますし、そもそも球界に復帰することもなかったんじゃないか、と思います」

右腕として野村監督を支えた楽天でも、主力打者から絶大なる信頼を得た巨人でも、橋上は〝接客業仕込み〟の個別ミーティングで成果を挙げた。成果はＷＢＣ日本代表の戦略コーチに通じ、西武の攻撃力向上につながった。野球界では決して得られない経験が、各チームで選手の意識を変えることに役立ってきた。

「その選手に眠っている能力があれば、目覚めさせてあげる。それが私のいちばんの仕事なのかな、と思います。もともと持っている能力は高いわけですから、プロ野球に入ってきた以上は――。ただ、そのなかで一流になっていく選手と、そうでなくなる選手と、その境は何かというと、運とかケガもありますけども、やっぱり意識の問題。自分自身を、己のことをどれだけ理解できるかだと思っています」

18年限りで西武を離れた橋上は、翌19年、古巣ヤクルトで二軍チーフコーチをつとめたあと、21年にＢＣリーグの新潟の監督に復帰した。あらためて、ＮＰＢを目指す若い選手たちに向き合い、個々の意識を変えるべく指導を続けている。

第4章　吉井理人

よしい・まさと　1965年和歌山県生まれ。箕島(みのしま)高から83年ドラフト2位で近鉄に入団。抑え投手として89年のリーグ優勝に貢献した。95年に西村龍次(たつじ)との交換トレードでヤクルトに移籍し、97年オフにFA権を行使してニューヨーク・メッツに移籍した。03年にオリックスで日本に復帰し、07年に千葉ロッテに移籍して同年に引退。日米通算121勝62セーブ。08～12年と16～18年に北海道日本ハム、15年に福岡ソフトバンク、19年から千葉ロッテで投手コーチを歴任し、22年から千葉ロッテのピッチングコーディネーターをつとめている。

チームの勝利よりも選手の幸せを考えてやる

長年の指導者経験に加え、コーチとしての実績が評価されたのだろう。

２０２１年までロッテの投手コーチをつとめた吉井理人は、22年からピッチングコーディネーターに就任した。所属はロッテ球団本部内に新設されたコーディネーター部門で、主な役割は一軍・二軍の首脳陣と状況を共有し、全投手の状態と課題を把握すること。その上で、中長期的な育成および強化の方針を定め、組織として実施すること。

吉井自身、現場で選手と向き合う立場から、現場全体とフロントをつなぐ立場になり変わった。ベンチには入らず、ユニフォームは着ていない。それでも選手と接する機会は多いようだが、これまでの豊富な経験と実績はどのように生かされるのだろう。

現役引退直後の08年、吉井は日本ハムの投手コーチに就任し、09年と12年のリーグ優勝に貢献。12年は大黒柱のダルビッシュ有（現・パドレス）が抜けても投手陣を整備し、強化した。15年にはソフトバンクの投手コーチとして日本一に輝くと、日本ハムに復帰した16年もチームは日本一。〝二刀流〟の大谷翔平（現・エンゼルス）を見守りつつ、リーグ随一の質を誇る投手陣を構築した。

そして、ロッテでは19年からの3年間で若い投手たちのレベルを向上させ、優勝に肉迫するだけのチーム力につなげてきた。若手の筆頭は、22年4月10日の対オリックス戦、高卒3年目で史上16人目の完全試合を達成した佐々木朗希(ろうき)。〝令和の怪物〟といわれる佐々木を1年目の春季キャンプから一軍に帯同させて育成し、2年目には先発の一角を担えるまでに成長させている。

まずは吉井自身、ここまで各チームの結果に貢献してきたことをどう受け止めているのか、コーチの立場だったときの考え方を聞く。

「当然、コーチもチームの勝利を目指してやっているんですけども、コーチとしてのひとつの軸はまた別のところにあると思います。その軸というのは、チームの勝利よりも選手の幸せを考えてやることです」

パフォーマンスを上げることはもとより、1年間、投手の心と体のコンディションを良好に保ち、気分よくマウンドに上がってもらうこと。それが投手コーチとして最大の仕事だと考えてきた吉井にとって、チームの勝利は第一ではなかった。

「いろんな意味で、コーチというのは選手個人と向き合うほうが比率としては高いわけです。そうすると、個人がうまくいけばチームもうまくいく、という考え方になっていく。これはたぶん野球観の違いで、同じコーチでもいろんな人の考えがあると思うんですけど

現役時代は抑え、先発の両方を経験した（写真は日本ハムコーチ時代）

も、僕は選手個人の幸せを軸にやっていました。

だから、例えば抑えのピッチャーが抜けて、チームのメンバーが替わったとして、それでどうのこうのと考えたことはほとんどなかったです。ただ、これをあまり大きい声で言っちゃうと、たぶん批判があると思います（笑）」

とはいえ、抑えのように重要なポジションに穴が空いた場合、穴埋めに見合った投手を新たに見出すのもコーチの仕事だろう。その場合、この選手はこのポジションでいける、と自身で判断して監督に提案するのか、それとも、監督との話し合いのなかで意見を言って決めるのか。

「最終的に決めるのは監督なんですけど、最初に日本ハムでコーチをしていたときは、僕がちょっと意見を言い過ぎたことがありました。僕のいちばんの欠点で、ついズバズバ言ってしまって、ちょっと越権な場合もあって……（笑）。それで監督はやりづらかったと思うので、復帰してからの3年間は主導権が監督のほうに行くように、自分では考えてやってきたつもりでした。

そのなかで意見できるところはしっかり、『この選手はこんなタイプなんで、このポジションがいいと考えてます』というふうに言っていました。でも、『こいつ、クローザーでお願いします』みたいな、そういう言い方はしないです（笑）」

自分の研究テーマに沿って選手にインタビューさせてもらった

ロッテには益田（ますだ）直也という抑えがいる。13年に最多セーブ投手のタイトルを獲ったあと、故障の影響もあって中継ぎに回っていたが、吉井がコーチに就任した19年に復活。21年には二度目の最多セーブに輝き、コーチとして抑えで心配することはなかった。

反面、日本ハム時代は、なかなか抑えを固定できずに苦労した。そのなかで18年、吉井が推し、栗山英樹監督が抑えに抜擢したのが、当時、高卒4年目の石川直也だった。長身から投げ下ろす速球とフォークが武器だったが、一軍戦力としては実質2年目。経験不足が懸念され、案の定、開幕直後に抑えに失敗した。こういう場合、吉井はコーチとしてどう対応してきたのだろうか。

「もちろん、本人と話し合いをします。コーチとしてはまず、選手がそのときにどういうことを感じていたか、ちゃんと選手自身で意識してもらいたいんですね。

コーチの僕から指摘するのは簡単なんですけど、それだとうわべの反省だけで終わってしまうんで、まずはあの時点でどう思っていたのか、しつこいぐらいに選手に質問していくんです。そこから本人との話し合いが始まって、そのなかで気づかせていくのがコーチの仕事かな、と考えていました」

果たして、石川はすぐに立ち直り、次のカードでプロ初セーブを挙げている。ごく短い期間で挽回できたのも、話し合いによる効果があったからなのか。

「効果もあったと思いますが、もともと、石川は切り替えがうまい子でした。打たれてすぐはがっかりしてましたけど、次の日からもう普通に戻ってましたね。そのへんは、性格的には悪く言うと鈍感（笑）。

ただ、『切り替えがうまいから』、『早いから』と言って放っておくと、本当に鈍感で何も感じないで、『まあいいや』ってなっちゃう。そうして、そのまま次に切り替えられちゃうと、同じ失敗をするんです。だから、うまく切り替えられる選手だとしても、ちゃんと教訓を残して切り替えてもらいたいなと」

18年の石川は52試合に登板して19セーブ。抑えとして結果を残して一軍戦力になったが、その後、右肘を故障して20年8月にトミー・ジョン手術（靭帯の再建手術）を行ない、22年5月8日の西武戦で954日ぶりに一軍で登板した。

もうひとり、日本ハムの投手だが、同じ年に先発陣で大きく成長し、自身初の二桁となる11勝を挙げた上沢直之（うわさわなおゆき）。こちらは16年3月の右肘手術から復活を遂げた形だ。21年にも12勝を挙げ、今やエース級の存在になった右腕を、吉井はどう見ていたのか。

「上沢の場合、右肘の故障で休んでいて、技術的には一軍でローテーションを守れる実力を持っていたので、体のコンディションさえ整えば大丈夫とこちらは思っていました。その前の年の秋にピッチングを見ていても、本当に一軍の先発投手の一番手、二番手を任せられる力がある、とわかっていたので、あとはプロとしての考え方ですよね。これについても、じつは、大丈夫だと思ってました。

なぜかというと、僕が大学院に行っていた2014年、上沢がちょうど活躍していました。そこで、僕の研究テーマに沿って、彼と宮西（尚生）、谷元（圭介／現・中日）、増井（浩俊／現・オリックス）、この4人にインタビューさせてもらったことがあったんです」

コーチは選手の邪魔をしたらダメ、指導しちゃダメです

吉井は12年オフに日本ハムを退団したあと、14年春から2年間、筑波大学大学院で体育学を専攻。専門的にコーチングを学んでいる。当時の吉井にはすでに5年間の指導者経験があったが、自らの経験に頼っていては限界があり、勉強が必要と感じていた。

ただ、大学院での勉強といっても座学だけではない。研究テーマによっては実技があり、学外に出ることもあり、ときには〝教え子〟の協力も得た。

「僕の研究テーマで、こういうのがありました。『プロ野球選手が一軍に定着するまで、

二軍で過ごす間にどういうことを考え、どういうことをしていたか』。そこでファイターズの選手4人にお願いしてインタビューさせてもらったんです。

その4人のなかに、そのころは顔見知りじゃなかった上沢がいたわけですけど、僕の質問に対する受け答えが、自分のことをすごく客観視している感じがあったので、この選手は放っておいてもよくなるなと（笑）」

14年の上沢は、二軍で2年間の下積みを経て一軍デビュー。いきなり先発で8勝を挙げた。あらためて、コーチとして再会した上沢はどうだったのか。

「実際によくなっていて、特にこちらから何かを言う必要はなかったですね。ただ、彼は研究熱心なんで、研究に入り込み過ぎて本来はいらないことをして調子を落としてしまう、という危険性がありました。

でも、それは上手になるための選手のやり方であって、あまりにも度が過ぎると注意はしましたけども、彼の場合、見ていてもそんなに変な方向には行かなかった。ちゃんと自分で考えて、自分でやりたいことを決めて実行できる、そういう性格を持っているから、これからも活躍するんじゃないかと思っていました」

インタビューで感じていたとおりに成長し、結果を出した上沢。

一方で吉井自身、大学院での学びはコーチ業にどう生かされたのだろう。

振り返れば、07年限りで現役を引退し、直後に日本ハム投手コーチとなった吉井は、同年の秋季キャンプに参加したあとにこう言っていた。

「痛感したのは、かなり勉強しないといいコーチにはなれない、ということ」

勉強の最たるものが大学院だったとすれば、学ぶ前と後で何がどう変わったのか。

「変わったというか、その前から、わりと自分のなかでコーチングの哲学は持っていたんです。それを、大学院で科学的な研究に基づいたコーチングの勉強をさせてもらって、あながち間違っていなかったな、という確認ができました。やっぱり、コーチは選手の邪魔をしたらダメなんだと。あの……指導しちゃダメです」

コーチが簡単に答えを言ってしまったら選手のためにならない

「選手の邪魔をしたらダメ」というのは感覚的にすぐ理解できる。

しかしながら、コーチの立場で「指導しちゃダメ」となると、その仕事の意味がわからなくなってしまう。

あくまでもイメージしてみれば、コーチ対選手は〝教える、教えられる関係〟ではなく、目標に向かって走る選手に伴走するようなものだろうか。

「そうですね、本当にサポートですね。特に昨今、スポーツ界全体で指導者のパワハラが問題になっていますけど、昔はそれである程度の成果が出たんです。でもやっぱり、長い目で見ると、それでモチベーションを保つのが選手はすごく大変なので、結果的にはダメになりますよ。アスリートファーストという言葉がありますけども、指導者は『選手が主役』じゃないとダメですね」

吉井にとって、コーチングの哲学を表す言葉のひとつが「アスリートファースト」だ。大学院では、野球だけでなくほかの競技の指導方法、心理学、生体力学などを学び、以降は自身のコーチングに確信を持つようになったそうだが、その哲学も確かなものになったのだろうか。

「ちゃんと根拠があるんだとわかりました。現役時代、自分がコーチに教えられるのが嫌だったんで、自分が嫌だと思うことは絶対に選手にしないでおこうと、そういう使命感でやってたんですけども、そのこと自体、根拠があるんだと。やっぱり、これはこれでいいんだ、と思えましたね」

選手は基本的に教えられるのが嫌なものだから、コーチは指導してはいけない——。そのかわりサポートするとしたら、具体的には何をしていくのか。

吉井の場合、重視しているのは選手との深いコミュニケーション。ただ単に言葉を交わすのではなく、〈振り返り〉という作業が中心になる。

「振り返りはコーチになった当初からやっていたんですが、最初は雑談みたいな感じでした。当時は自分もまだプレーヤーに近かったんで、先輩が後輩に話しているような雰囲気で。一対一のときもあれば、グループでやるときもありました。そのなかで選手が自分のプレイを振り返って、疑問があったとき、当時はこちらが持ってる答えを簡単に言ってしまうことが多かったんです。でも、それでは選手のためにならないんですね」

今も自分の力不足を感じるし、指導者こそ学び続けないといけない

コーチとしては、選手にとっての疑問、問題を自分自身で解決できる力を身につけてもらいたい。ゆえに〈振り返り〉の場で先に答えを言ってしまっては意味がなく、ヒントを与える程度にしておきたい。それが当初はうまくいかないときもあったが、年々改善され、進歩もしてきたという。

「改善されてからは、しゃべることが10あるとしたら、もう8は選手にしゃべらせて、こっちは2ぐらい。本当は、こっちがしゃべることをもっと減らしたいなと思っていたんですよ。でも、どうしても選手と話してるうちにいつの間にか、ついつい『ああ、そうやな。それはこうであってやな』というふうに話してしまうときがあったんですよ。だから、なかなか2から1に減らなかったですね」

理想は、選手から話が始まり、選手同士だけで話が進んでいくこと。そのために吉井は、コミュニケーションの方法に工夫を加えた。

例えば、大学院2年目、研究を続けながらソフトバンクの投手コーチをつとめたときには、今どきの若い選手に合わせてＬＩＮＥも使った。

さらに、〈振り返り〉の内容をその場限りにしないことも大事と考え、各選手に許可を取った上で発言をレコーダーで録音し、スタッフの力も借りつつ文字に起こして記録した。

まさに、インタビューのみならず記事を書くかのようだが、それは選手のためであると同時に、そこまで実践しないとコーチとしての成長もないということなのだろうか。

「コーチとしての頭の成長、考え方の進歩がないでしょうね。自分の責務がその場で終わっちゃうと、見逃したこと、聞き逃したことがあるかもしれないですから。それに、選手が発言した内容からいろんなことを探り出すというのは、しっかり文章で見直さないとできないし、もしかしたら、いい研究材料になるかもしれないと思ってました。

選手を研究対象として見て、ちょっと実験的になってしまうのはみんなに悪いと思ってましたけど、当時の僕はまだまだ駆け出しのコーチでしたし、今の立場でも力不足を感じるときはあります。指導者こそ、学び続けないとよくなっていかないです」

上下関係を取っ払って信頼関係を築かないとうまくいかない

年々改善され、進歩してきた〈振り返り〉。シーズン中、主に成長過程にある若い投手とともに、前日登板した試合の一場面をテーマに振り返ることが多かったという。では、そのなかで、コーチとして手応えを感じるのはどういうときだったのか。

「少し前の話になるんですが、1シーズン、3人の先発ピッチャーの話を記録したものを読んでみました。そしたら3人それぞれ、前半にしゃべっている内容と後半にしゃべっている内容が違ってきて、ちゃんとゲームのなかで、うまく自分を立て直すような考え方に変わってきてるな、という流れが見えたんですね」

まさに、話を録音して、文字に起こして、記録してあったからこそ、シーズン前半と後半の違いに気づけたわけだ。

「ただ、なかには、せっかく考え方が変わったのに、また戻っちゃう選手もいる。これは本人の性格もあると思うんですが、実際に次の年はひとりの選手が元に戻ってしまって……。そこを自分で気づいて『直していこう』と思うようになっていかないと、なかなか順調に成長できないですよね。

振り返りにしても、もしかしたら僕が答えを言ってしまって、対話のなかで答えが出るように誘導してしゃべらせている可能性もあった。自分から本当に気づいて、答えに向かってしゃべっているかどうかはわからないときがあったんです。そこは僕のほうで改善しないといけないな、と思うこともありました」

もともと、〈振り返り〉はネガティブな話から入らないようにしていた。例えば、前日登板した投手の自己評価が100点満点で20点だとしたら、80%はダメだったことになるのだが、あえて20%のポジティブな話から入る。なぜなら、ダメだったほうが話のネタは豊富にあって話しやすい反面、先にそこを取り上げると参加している選手全員の気持ちが沈んでしまうからだ。

そこでポジティブな話から入ると、自然と周りはよかったことについて話すから、たとえ20点でも褒められたような感覚になる。気持ちが前向きになって、ダメだった80%をちゃんと直していこうとあらためていく力につながる。じつに細やかな気遣いだと感じる。

ただ、そこまで気を遣っても、元通りになってしまう選手がいるのはなぜなのか。

「そのあたり、選手対コーチの関係性が影響しているかもしれません。選手は知らず知らずのうち、『コーチのほうが立場が上だから、あんまり本当のことを言わないほうがいいのかな』と思っている可能性がある。

こちらは選手を評価する立場じゃないですか？　評価して、監督に起用法を提案する立場なので、それで遠慮して本当のことを言えない、といった関係性になっていたかもしれない。でも、そこを取っ払って信頼関係を築かないと、なかなかコーチングってうまくいかないんです」

〝伝える〟というよりも〝気づかせていく〟ということ

コーチはまず、選手よりも年上。日本には年長者を敬う文化があるから、常に上下関係がついて回る。立場が上で評価を下す人間に対して、ときに遠慮が生じても無理はないと思える。

その点、旧来のコーチ対選手の関係性は、まさに遠慮してしまう関係性だったのではないか。自ら言葉を発しにくい選手に対し、コーチがよかれと思ったことを上から教える。その教えが選手の邪魔になるときがある。

だからこそ吉井は、教えるのではなくてサポートをすべきだと言い、遠慮する関係性を取り払って、お互いに信頼できる関係を築くべきだと説く。選手もコーチもプロ、個人事業主なのだから、グラウンド上では上下関係に重きを置かない、という考えだ。

「もしかしたら、コーチの立場で『バーン！』って答えを言ったら即効性はあるかもしれませんけど、たぶん効力が消えるのも早いですよね。それがその選手にとっていいことなのかどうか、という疑問はあります。『プロなんで、それでいいよ』っていう考え方もあるかもしれないですけども、僕のやり方はちょっと違いましたね」

吉井の〈振り返り〉が「ちょっと違う」のは、選手が失敗したときの感情までしっかり振り返らせることだ。例えば、二死満塁で2ストライクからフォークボールを投げた場面。球が高めに浮いて、ホームランを打たれたときを振り返ったとする。「緊張して力んだ」だけで終わったら、必ずまた同じ失敗を繰り返してしまうという。

「緊張している自分はどうしようもないので、それを認めて、緊張したらどういうミスをするか、原因まで知っておけば、最小限の失敗で済むと思うんです。その点、ピッチャーによって違いはありますが、緊張して力んだら、たいていフォームが乱れています。だったら、緊張したときに自分のフォームがどう変わりやすいか理解していれば、修正法を考えられますよね。球が浮いた原因もわかるんで、単に『ここは低めに投げなきゃ』と思うだけじゃダメなんだとわかる。逆に言うと、ミスした場面を深く振り返って思い出さないと原因はわからない。これも大学院で勉強しないと気づかなかったことです」

ピンチの場面、感情の変化が知らぬ間にフォームの変化につながり、ミスが起きる。心の動きがフォームという技術に影響して、ボールを制御しにくくなる。そのことを知っていれば、ミスが少なくなる。

あらためて、心技体という言葉がクローズアップされるかのようだが、この感情と技術の関わりにしても、吉井が選手に伝えるわけではなかったという。

「〝伝える〟というよりも〝気づかせていく〟ということですね。選手たちはわかっているはずなんですよ。マウンドで、どういうボールを投げたら打たれないか、わかっていて、意識して投げてるんですけども、やっぱり失敗しちゃうんですよね。

その失敗する理由を、自分で探せるようになってもらいたいんです。時間はかかりますけど、プロ野球はシーズン、長いので。一発勝負だったら、そんなこと言ってられないですけど、やり直す機会はいっぱいあるじゃないですか」

なぜ若い投手がマウンド上でパニックになるのか

理想は、試合のなかで失敗する理由を選手自身が探せるようになること。ただ、そのための〈振り返り〉も、選手の発達段階によっては意味をなさないときがあるという。

「ファイターズで二軍のコーチをしていたときのことです。ある程度、一軍で活躍していた選手が不調になって降りてくる場合、いっちょまえのプライドは持ってるけども、まだまだ精神が未熟で……という子がよくいたんですね。

そういう選手の場合、振り返らせてもまず気づかない。そういうときには上下関係に近いですけども、先輩として、『プロってこんなもんやで』みたいな話をしたりすることはありました。逆に、一軍で育成しようとしている選手も同じです。気持ちが揺らいでいるときに、人間としてどうしたらいいか、ということも話しましたよ」

吉井は、選手の発達段階を大まかに4つのステージに区別している。

（1）技術・体力ともにまだ不十分で、プロ選手としてやっていく土台づくりの段階
（2）一軍に定着して結果を出せるようになり、プロ選手のプライドが出てくる段階
（3）一軍の主軸選手となり、プライドがさらに高くなった段階
（4）コーチのアプローチは不要になり、寄り添うだけで十分となった段階

さらに、サポートする内容には次のふたつのベクトルがある、としている。

（X）技術や体力を強化する。練習方法を教える。パフォーマンス向上のための指導

（Y）プロ選手に求められる言動や態度など、アスリートとして人間として成熟するための指導

このように分類した上で、4つの各ステージに合わせて、ふたつのベクトルの割合を変える。例えば、（1）であれば、（X）と（Y）を同時に進めていくが、ステージが上がるにつれて（X）を減らし、（Y）を重視していく。「一軍から二軍に降りてくる選手」は（2）に近いから、若干、（X）よりも（Y）の割合が高くなるだろうか。

また、吉井は（3）と（4）を「Aチーム」、（1）と（2）を「Bチーム」と呼んでいた。リリーフ陣の場合、勝ちパターンで投げるメンバーが「A」、それ以外のメンバーが「B」となる。ただし、「Aチーム」の選手が故障もしくは不調になれば、「Bチーム」の

選手が勝ちパターンで投げることもある。先発陣であれば、ローテーション投手が「Aチーム」で、先発候補が「Bチーム」だろう。

そういう意味では、「Bチーム」がどれだけ成長して「Aチーム」になれるか。そこが投手力強化のポイントになる。21年のロッテで一例を挙げれば、リリーフ陣では佐々木千隼が「B」から「A」になり、先発陣では佐々木朗希が「B」から「A」になりつつあった。

おのずと22年の「B」から「A」に注目したくなるが、吉井によれば、近年、意外なものが投手の成長を妨げているという。

「今は情報がたくさんあって、若いピッチャーがかえってマウンドでパニックになることがあります。情報に振り回されて、自分のピッチングができない選手が多くなってきてるんですね。特に、キャッチャーが相手バッターをやっつけるのに実権を握っていて、バッターの情報を必要以上に生かしてしまうんですね。

キャッチャーが実権を握ることに関して、これは野村（克也）さんの責任でもあるとは思うんですけども（笑）。ただ、野村さんは、『第一に、ピッチャーが投げたいボールを投

可能性があります。〝へぼ〟って言い方は悪いですけど、要は、経験でものを言う人。『オレはこうやったからおまえもこうやれ。絶対こっちのほうがいいから』とは言うものの、なんでやらないといけないのか、納得のいく説明をしてくれない。それも頭ごなしに言われるから腹が立つんです」

一方で、「名コーチ」といわれる指導者に巡り合ったことも明かされ、「あくまでも選手がベストパフォーマンスをするために助けてあげる、そんな人間関係を保てるコーチを目指したい」と目標が語られていた。さらには、吉井がＭＬＢのメッツに入団したとき、コーチから言われた言葉が参考になったという話。

「ピッチングコーチのボブ・アポダカさんが僕に初めて言った言葉が、『オレはおまえのこと全然知らんから、おまえがオレに教えてくれよ。おまえのピッチングをいちばんよく知っているのはヨシイなんだから』でした。日本ではそんなふうに言われたことがなくて、とても新鮮に感じました。

つまり、コーチから教えるんじゃなくて、選手が何をやりたいか、はじめに聞いて、それに沿ってアドバイスを出すんです。お互いに話し合いながら決めていこうと。これは僕がコーチになったときに採り入れました」

それから13年、指導者経験とコーチとしての実績を積んだ今、あらためて振り返って、その教えが参考になっている指導者は、ヤクルト時代の監督だった野村克也、近鉄時代の投手コーチだった権藤博だという。特に権藤は1988年から2年間就任。吉井が抑えとして活躍し始めた時期と重なっている。

「権藤さんは結構、お手本にしているところがあります。迷ったときに聞いたり、権藤さんの本が何冊かあるので読ませてもらったりしてますね。ただ、選手のときに直接言われたことって特にないんです。もう『向かっていけ！』しか言われてなかったんで（笑）。技術的なことは一切、言われなかった。『どんどんいけ。向かっていけ。あとはオレが責任取るから』って。本当に、それだけだったんです」

あんまり「名コーチ」って言われるのは嫌でした

にわかには信じがたい権藤の話だが、抑えをつとめるレベルの投手には、細かい技術指導の言葉は必要なかった、ということなのか。

とはいえ、吉井は87年までの3年間に合計17試合登板で、翌88年、一気に50試合登板を果たした投手だ。年齢的にもまだ23歳と若く、完全な主力とは言えない。ならば指摘されることも少なくなさそうだが、あるいは、起用法で気づかせるなど〝無言の教え〟があったのだろうか。

「起用法は野村さんですよね。ヤクルトでは僕は先発ピッチャーだったので、交代の時期などによって『すごく信頼されてるな』と感じていました。もうこの回で交代か、と思っていたら続投だったときもあって。本当に信頼されていたかどうかはわからないですけど、そう感じただけでモチベーションはすごく高まりましたね。

その点、権藤さんはコーチでしたから、起用法は最終的に監督が決めることですし、提案もどこまでできていたか……。だから『向かっていけ』と。『マウンドではいつでもバッターに挑戦的な態度でいろ。そのかわり、逃げるときはもうサーッと逃げろ』と。つまり、中途半端なことは言わなかったですね」

とすると、吉井がコーチとして選手たちをサポートしていくなか、その場で出ていた言葉は何だったのか。言い換えれば、吉井が選手に対して「向かっていけ」だけで終わっていたはずがない。

ここで想起されるのが、吉井が特に大事にする〈振り返り〉という作業だ。選手が試合での投球を振り返り、疑問、問題が出たときにコーチは答えを言わず、ヒントを与える程度にして、選手自身で解決する力を身につけてもらう。理想は「選手から話が始まり、選手同士だけで話が進んでいくこと」で、そこにコーチはいない。

権藤と吉井の関係性は、その理想の状態に近かったのではないか。じつは吉井が気づかないうちに権藤が巧みにサポートし、技術を向上させていた。が、吉井自身は「自分で成長できた」と思っている。ゆえに言葉としては「向かっていけ」しか憶(おぼ)えていない。「名コーチ」とは、選手の記憶に残りにくいコーチなのだろうか。

「それはそうだと思いますよ。大学院のとき、コーチングの授業のなかに〈いいコーチに育てられた選手はいいコーチになる〉というような項目があったんですけども、僕はそうじゃないと思ったんですよ。

やっぱり、選手は自分のことしか考えてなくて、いいコーチングされたことなんか憶えてないし、いいコーチはそれを気づかせちゃダメだ、というふうに思ってたので。だから、その授業ではすごい議論になって面白かったんですけども」

　コーチとしてチームの投手陣に専心する吉井自身、現役時代は自分のことしか考えていなかった。権藤に限らず、ほかの指導者からも、そうとは気づかずに成長させられていた可能性はあるだろうか。

「あるかもしれないです。でも、本当のところはわからないです。自分で気づいてやっているように感じているけれども、じつは気づかされていることがあると思うので。僕はまさにそこがポイントだと思うんですよ。

『自分でやったんだ』っていう感じ、難しい言葉で自己効力感っていうんですかね。『自分はできるぞ』というような、そんな感じを選手が持てれば、モチベーションが上がったり、自信がついたりしていくので。自分でできた、自分でやった、という感覚に持っていくのが、コーチのいちばんの役目だと思っています」

　逆説的だが、いいコーチほど、選手から見てその存在は消える——。実際にはいるのに、いない。そんなことがひとつ、言えそうだ。

「そうであってほしいですよね。だから僕自身、あんまり『名コーチ』って言われるのは嫌でした。まずはチームのためにやっていることを極めたいな、と思っていただけで、今の立場の自分もまだ駆け出しですから」

最後に吉井に取材したのは「今の立場」になりたてのころだった。そのため、佐々木朗希の完全試合については聞けなかったが、自身が執筆する『吉井理人オフィシャルブログ』で快挙を絶賛していた。バッテリーを組んだ新人捕手の松川虎生にについても〈佐々木の投げたい球を投げさせ、良いリズムを作っていました〉と称え、〈ほんとに、素晴らしいゲームでした〉と振り返り、あくまで全体を見通しているところが吉井らしいと感じた。

さらに吉井らしさを感じたのは、4月17日の対日本ハム戦、2試合連続の完全試合も見えた佐々木が8回で降板したあとのブログ。その投球を称えつつ、こう続けていた。

〈そして、マリーンズベンチもよく8回で降板させました。(6回で代えてほしかったけど)

ついつい目先の勝利や記録にとらわれ、選手に無理をさせてしまうことがあるのですが、良い判断だったと思います〉

ベンチにいない「今の立場」だからこそ、〈8回〉ではなく〈6回〉という見解になったのだろうか。あるいは、コーチの立場であっても〈6回〉だったのか。

いずれにしても、「チームの勝利よりも選手の幸せを考えてやる」という吉井の軸は、まったく揺れ動いていない。

第5章　平井正史

ひらい・まさふみ　1975年愛媛県生まれ。宇和島東高から93年ドラフト1位でオリックスに入団。95年に抑え投手として起用され、15勝27セーブを挙げてリーグ優勝に大きく貢献。最優秀救援投手と最高勝率のタイトルを獲得し、新人王となる。02年オフに中日に移籍、13年にオリックスに復帰して14年に引退。通算569試合登板で63勝41セーブ84ホールド。引退後はオリックスの一軍、二軍で投手コーチ、21年から育成コーチをつとめている。

選手のときの自分と、指導する選手を比べてしまったのは反省点

名のある球団OBが、春季キャンプで臨時コーチをつとめる。特に珍しいことではないが、近年、オリックスの宮崎キャンプではこのチームならではの光景が見られた。

最大10人が同時に投球練習できる広大なブルペン。前身球団・阪急の大エースで通算２８４勝を挙げた山田久志が、臨時コーチとして各投手を見守っている。その視線の先、マウンド奥のスペースでは、投手コーチの平井正史がフォームをチェックしている。平井がコーチに就任して以降、長年の師弟関係にある両者が、ともに後輩たちの指導に当たることが恒例になっていた。

山田は現役引退後にオリックス、中日でコーチを歴任し、中日では監督もつとめた。その山田がオリックスの一軍投手コーチに就任した１９９４年、平井が愛媛・宇和島東高からドラフト１位で入団。高卒１年目にして一軍で登板し、２年目には抑えで活躍して最優秀救援投手のタイトルを獲得する。なおかつ、山田が中日の監督をつとめていた２００２年オフ、成績が低迷していた平井は中日に移籍して復活する。

これほど濃い師弟関係だからか、現役を引退した平井がオリックスの二軍投手コーチになったとき、山田はこう言っていた。

「アイツはいいコーチになると思うよ。先発をやって、リリーフもやって、優勝の喜びも、故障の辛さも知っている。いろいろ経験しているから、ファームのコーチは適任。まあ、

〝がんばろうKOBE〟で優勝した95年オリックスの絶対的守護神だった

口下手でオレみたいにはいかないと思うけど（笑）」

　高く評価し期待しつつ、冗談交じりにさらりと不安材料を指摘していた。実際のところ、コーチ就任当初、選手とのコミュニケーションはどうだったのか。失礼ながら、師匠の言葉をそのまま本人にぶつけてみた。

「いや、全然、大丈夫でしたよ。ずっと大丈夫ですから、今も。ただ、言葉というものはすごく難しいものだと思うので、選んでしゃべることもあります。それに、選手に話をするときに今まで経験あることはスッと言えますけども、経験ないこということは自分でもっと勉強しないといけないなと思います」

14年限りで引退して翌15年、すぐにコーチとなった平井は、それこそ勉強する時間を十分に取れなかった。選手とのコミュニケーション自体に支障はなかったものの、そもそもコーチとはどういうものか、理解できていなかった。

「選手のときの自分と、今目の前にいる選手を比べてしまっていた、というのが最大の反省点です。まして、このプロ野球の世界は結果がすべてなので、基本、自分自身のいちばんいいときの状態を選手に求めることが多かった。ですから、決して言葉には出さないいんですけど、なんでこれぐらいができないんだ……と思ってしまって。そういうもどかしさはすごくありました」

選手が自主的に動けるよう、うながしてあげたほうが覚えは早い

何かと手探り状態だった就任1年目。遠征に帯同しない、いわゆる〝残留コーチ〟として、あまり試合で投げない若い選手を指導することが平井の主な役目だった。先輩コーチや球団からも「まずは選手を見ることが大事だ」と強く言われていたため、観察に時間を

かけた。その上で「こうしたほうがいいよ」とアドバイスしても、二軍の若い選手の場合、即行動に移らないこともある。そこでときには、半ば強制的に動かすケースもあったという。

「言葉で言ってわからせるのではなくて、違う行動でわからせてあげたほうがいいのかなと。例えば、歩幅を広げる練習をするとしたら、『歩幅を広げて投げろ』と言うんじゃなくて、違う種目の練習で結果的に歩幅が広がっている、とか。自分の体で感じてもらうのがいちばん大事ですね。

その点、言葉で表現するのは僕らが感じたことなので、選手としては全然感じていない、ということがあるわけです。感じていないことをいきなり『やれ』と言われても、たぶん違和感でしかないでしょう。そこはまあ、僕らの現役時代は、コーチに『やれ』と言われたら絶対、『ハイ、やります』でしたけど」

オリックスに入団して1年目のシーズン終了後、秋季キャンプ。平井はそこで初めて投手コーチの山田に「やれ」と言われ、「ハイ、やります」と答えた。

今でも忘れられないのが、ブルペンでの投球練習。最後に「3球連続ストライク」を課され、一発で決まればそこで練習は終わってよかった。そのかわり、決まらなかったら、外野フェンス沿いに左翼ポールから右翼ポールまで走ってからまた投げないといけなかった。当然、走れば息が上がり、投げるのも辛くなり、なかなかストライクが入らなくなる。決まらなければ、また走る。それで「ストライクを入れろ」というのは酷な話だった。

「厳しい、というか、理不尽ですよね（笑）。結局、一発で決まらないと、ほとんど無理なんですから。ただ、後々考えたとき、試合で苦しい状況でも狙ったところに投げられたのはそういう練習もしたからだと思えたし、要は疲れたときのコントロールが大事ということです。別に、山田さんが課した練習がダメだったとは僕は思わない。でも、今の時代は選手が自主的に動けるよう、こちらからうながしてあげたほうが覚えは早いのかなと」

選手にくっつき過ぎると、選手が自分で考えなくなってしまう

ただ単に言葉で伝えるのではなく、命令するでもなく、それと気づかぬうちに行動させ、なぜ「こうしたほうがいい」のか、体で感じてもらう。就任前にコーチングを勉強できなかった平井だが、日々、選手と向き合うなかで、個々の自主性を引き出す方法に行き着い

ていた。実地でコーチングの一端を学んでいた、と言っていいだろう。

「というか、そういう方法じゃないと、二軍の若い選手はやらないんですよ、基本的に(笑)。やらないというより、続かないというほうが正解かもしれない。なぜ続かないかというと、取り組んだことに対して、すぐ結果を求める選手が多くて、それまでの過程を省みないからです。変えてよくなる、変えて悪くなる、そこだけが気になっている。だから本当に継続させることが難しい。いちばん難しいと思います」

特に継続が難しいのが、秋季キャンプ、春季キャンプにおけるフォームづくりだった。平井のアドバイスに対して「いいですね」と応じ、「やってみたらよかったです」と納得した選手も、あまり積極的に取り組まない。毎日、コーチの自分のほうから「やろうぜ」と誘わないといけないのか……と嘆くときが増えた。

理想は、選手自ら「お願いします」と言ってきた段階で初めて手伝う、という流れだったが、そうなることはなかった。そこで、諦めたわけではないが方針を変え、一切、自分から誘うことをやめた。すると、それでも「お願いします」と言ってくる選手はいるのだと気づかされた。

「あまりにも選手にくっついて、こっちから誘っていたら、選手が自分で考えなくなってくるんですね。やはり、自分で考え出したフォームを、自分で考えた練習方法でつくっていく、というのがいちばん身につくはずなんです。そのヒントを与えてあげるのが僕らコーチの仕事かな、と思います」

二軍コーチ2年目の平井は常にチームに帯同し、試合中はブルペンを任された。ゲームの流れを見ながら5～6人、ときには7～8人の投手を使い回すことをはじめ、すべてが勉強だった。

1年目と比べて、若干、立場は変わった。当時の現場には近藤大亮(たいすけ)、吉田凌(りょう)、齋藤綱記(こうき)と、のちに一軍で結果を出すことになる若手もいた。が、指導者としての手応えはまだなかった。二軍は選手を育成する場であると同時に若いコーチが学ぶ場、というイメージは野球ファンのなかにもあると思うが、実際にそうなのだ。

「若いコーチがファームで学ぶ、というのはそのとおりだと思います。2年間、本当にいい勉強をさせてもらいました。そのなかで、ファームの選手に関して、一軍から落ちてきて二軍の試合で投げる場合と、若手が投げる場合ではまったく違う、と認識しておく必要があります。

特に新人はアマチュアから入ってきて、ほぼ短期間のトーナメントしかやっていないところから1年間のペナントレースなので。体づくりもそうですけど、プロ野球選手としての基本を育てる、という意味でファームは大事なのです」

コーチの役割を選手が果たしていた落合中日のブルペン

二軍で2年間、指導した平井は、17年から一軍投手コーチに就任する。しかし当初、若干の戸惑いを感じていたという。

「自分としては、まだ早いな、と思ったんです。二軍で2年も経験させてもらっていた、じゃなくて、2年しか、という感じでしたし、それもまだブルペンしか経験していなかった。本当に一軍のコーチとしてできるか、不安でした。ファームは育成の場、〝上〟は結果を求められる場で厳しい世界、ということは理解していましたから」

不安を取り除くため、平井はチームの先輩コーチ以外に現役当時の指導者にも話を聞きにいった。中日時代の投手コーチで、ブルペン担当だった近藤真市である。

近藤は高卒1年目の1987年、プロ初登板の巨人戦でノーヒットノーランを達成。華々しくデビューした左腕だったが、肩・肘の故障に悩まされて94年限りで引退。その後は中日で打撃投手兼スコアラーをつとめ、スカウトを経て2003年にコーチに就任する。ちょうどその年にオリックスから移籍した平井は、以来10年間、指導を受けていた。

「こういうときにはどうしたらいいですか？って近藤さんに聞いて、いろいろと教えてもらいました。それはそのまま、今の自分の財産になっています。でも、コーチとして何を教わったというよりも、現役時代、近藤さんが見守るブルペンで自分が経験したことのほうが大きかったんですよ。

試合の流れ、自分のポテンシャル、それから相手との対戦成績、相性、そういうことをみんながわかっているブルペンでしたから。例えば、電話がかかってきてピッチャー交代のとき。電話が鳴っただけで、『次、おまえじゃないの？』って言い合うような。試合の流れをみんながだいたいわかっていて、ブルペンのなかでまとまりがありました」

落合博満（ひろみつ）監督が率い、強く、勝てるチームだった時代の中日のブルペン。あたかも〝阿吽の呼吸〟のように、選手間で投手起用のタイミングがわかっていた。先輩投手に「次、おまえだろ?」と言われても、モニター画面に映る相手バッターを見て、「たぶん僕じゃなくて先輩ですよ」と返すと、そのとおりになることもあった。本来はコーチの役割を選手同士で果たしていたのだ。

「理想ですよね。コーチが何も言わなくても選手が勝手に動いてくれるというのは。そういう流れをつくってくれたのがブルペンコーチの近藤さんであり、ベンチコーチだった森繁和(しげかず)さんであり、この両コーチの信頼関係だったと思います。

それと結局、使い方が一貫していた、ということでしょう。当然、オリックスのブルペンも目指すべきところですが、その状態って、調子のいいピッチャーがひとり、ふたりでは難しいのかなと。ブルペン全体で調子がよくて1試合を戦う、ということを考えていかないと、なかなか理想には近づけないと思います」

振り返りは〝たら・れば〟になることがあるので言い方に注意

ブルペン全体で調子がよくて1試合を戦う——。周りで見ている者は、出てくる投手全員、常に調子がいい、と思い込んでいる。特にファンは信じ込んでいるものだ。が、なかにいるブルペンコーチからすれば、その状態をつくること自体、簡単ではないのだ。

まして、全員の調子がよかったとしても、全員が好結果で終わるとは限らない。〝守護神〟といわれる抑え投手にも失敗があるわけだが、例えば、抜擢された若手が打たれて負けた場合、コーチとしてどんな声をかけるのか。

「基本的には、『やられたらやり返せ』ということです。この世界はその気持ちがないと続けられませんから。負けたほうの数字としてはもう取り返せないので、だったら、次に勝ちをつけるしかないんですよね。1敗したとしても、1勝すれば勝率5割に復帰するわけで。だからもう本当、次にやり返せ、しかないですよね、まずは」

ヤクルトと対戦した21年の日本シリーズ。二軍で平井から指導を受けた吉田凌が、見事にやり返した。第3戦でサンタナに決勝の逆転2ランを浴びながら、第5戦では同点の6回、2死一、三塁のピンチをゼロでしのいだのだ。続く第6戦、川端慎吾に決勝タイムリーを打たれてチームは日本一を逃し、吉田自身は2敗を喫したが、6試合中5試合に登板する大車輪の活躍。打たれて負けても次にやり返せる、それだけの気概を感じさせた。

ただ、やり返すためにも、各投手、「やられた場面」の振り返りが必要になると思われる。試合の負けも背負い込んだ場合、次に向けて気持ちの切り替えも大事になってくる。

17年から20年途中まで一軍のブルペンを担当した平井は、21年から育成コーチをつとめているが、当時、どのように振り返りを行なっていたのだろうか。

「確かに、振り返りは必要ですし、言うべきところは言っていました。ただ、正直、振り返りは〝たら・れば〟になってしまうことがあるので、言い方に気をつけないといけない。そこで僕がよく選手に言っていたのは、『自分のいちばんいい球を選択して打たれたんだったら納得がいく。同じやられるなら、2番目、3番目に自信のある球でやられるんじゃなくて、いちばん自信のある球を投げてやられろ』と。『自信を持って投げてやられるんならいいよ。でも、半信半疑で投げてやられるのはやめてくれ』とも言っていましたね」

勝負所では、自分でいちばん自信のある球と、捕手が要求する球が違うときもある。そこはチームとして投手任せにはしなかったそうで、捕手のサインどおりに自信を持って投げられたかどうかが問われていた。平井自身、原則として、捕手のサインに首を振ってまで自分の投げたい球にこだわることは「よし」としない。

「僕も現役時代、経験豊富な先輩キャッチャーに言われたことがあるんです。サインに首を振って投げた球を打たれたとき。『それはおまえが首を振って投げて打たれたんだから、オレの責任じゃない、と言うんじゃないけど、おまえ、自分で責任取れよ』と。『それぐらいの覚悟がないなら首振るな』って言われたんです。

だから、首振ったときにはもう、死んでも抑えよう、という気持ちでした。今の選手たちにも『首振って投げて抑える自信があるんだったら、腹を決めて投げろ』とは言っていました」

岩瀬さんでも気にしていたリリーフならではの数字

捕手のサインに首を振らなくとも、いちばん自信がある球を投げても打たれ、負けて、本当に落ち込んでしまう投手もいるだろう。そういう場合にはどんなコミュニケーションになっていたのか。

「経験上、打ち込まれた結果が何度か続くと、次に投げにいくのが怖くなるんです。だから、そうならないように……というよりは、『おまえはもう、これでシーズン終わるのか？　このまま終わっていいのか？』って言っていました。自分からの奮起をうながすように、あえて。『もう、いいよ、おまえ。気持ちが落ち込んで投げられないなら、別にほかの奴もいるし』でしたね。

投げられない奴よりは投げられる奴。投げられる奴よりは抑えられる奴、っていうふうに、どんどん上につながっていくだけなので。だから僕自身、一コーチとして一軍のピッチャーに言いたいのは、『シーズン中、落ち込んでる暇はないよ』ということです」

シーズン中に落ち込まないためにも、「リリーフはスタートが大事」と平井は言う。

「開幕して1カ月、ちゃんと流れをつくってあげられたら、1年、持つのかなと思ってます。というのは、リリーフのピッチャーはみんなそうなんですけど、例えば、最初に1イニング投げて1点でも取られちゃうと、防御率が9・00になる。そこから数字を下げていくのは大変で、気分的に嫌ですよね、新聞とかに数字が載るので。逆に10試合、ゼロで抑えたあとなら、1点、2点、取られても気分的には楽なんですよね」

短いイニングを投げるリリーフに特有の、防御率という数字を巡る悲哀——。平井によれば、球界を代表するような〝守護神〟でさえ、その数字を気にするものだという。

「これは現役のとき、中日時代の話ですが、岩瀬（仁紀）さんが防御率のことを言っていたんです。『開幕してすぐ2点取られちゃったよ。1点台に取り返すのに何イニング投げなあかんねん』って。1イニング投げて2点だったら防御率18・00ですからね（笑）。下手したら20点、30点になることもあるわけで、それはショックでたまらないです。岩瀬さんに限らず、みんな言ってましたね」

このときの経験から、「特にリリーフはスタートが大事」と、平井は選手たちに説いてきた。また、そのためのサポートに注力していた。もっとも、抑えとして岩瀬ほど十分な実績があれば、数字が悪くても〝顔〟で抑えられそうなものだが。

「それはあります、もちろん。ただ〝顔〟は毎年毎年の積み重ねで、その選手が見せた結果であって、財産であり、武器ですから。ウチの若い選手たちも成長して実績をつくったら〝顔〟を使っていいと思っていますし、そうなるためには、何事も継続して取り組まないといけないのです」

「ここはオレが出ていく！」となるぐらいの〝投げたがり〟が理想

現役時代、13年に中日から復帰した平井は、引退後、ファームに始まり一軍コーチを経て、育成コーチとなった。言い換えれば、10年近い歳月をかけてオリックス投手陣全体を把握し、一投手が成長する過程も含めて隅々まで見てきたことになる。

そんな平井が求める理想の投手像は〝投げたがり〟だという。

「怖がらず、やられることとか考えずに、『僕に投げさせてください』って言う選手がいっぱい出てきてもらいたい。一軍のブルペンでは常にそう思っていましたし、今もその考えに変わりありません。例えば、ブルペンに電話がかかってきて固まる選手は、自分のなかではあまり信じることができない。不安だから隠れるんじゃなくて、オレが出ていく、ぐらいの気持ちを見せてほしいんです。

もちろん、僕ら現役のときもありましたよ。電話がかかってきて、『あ、オレじゃん。嫌やな、今日……』っていうときが（笑）。それでも、ブルペンっていう仕事はいつどんな状況でも投げなきゃいけないので、そこでスイッチがピッと入って、『ここはオレじゃないと！』ってなるぐらいの選手が僕にとって理想ですね」

平井自身、プロ初登板は94年9月10日の対近鉄戦、無死満塁の場面だった。それも同点の9回裏、一打サヨナラ負けという状況で、高卒1年目にしてマウンドに上がった。

このとき、当時の仰木彬（おおぎあきら）監督に平井の登板を進言したのが、投手コーチの山田だった。結果、平井は最初の打者を三振に打ち取るも、次打者に犠牲フライを打たれてゲームセット。負けはしたが、失点を怖がらずに投げた。ランナーがいる、いないにかかわらず、目の前のバッターを抑えて3つアウトを取ればチェンジ、という意識がそこで備わった。

「僕の場合、厳しい場面のほうが集中できて、やりがいを感じました。ここで抑えたらヒーローだろ、と思うこともあったし、逆に、打たれたらしゃあない、代わるだけやろ、と割り切って投げられた。そういう意味では僕自身、〝投げたがり〟でしたけど、コーチとしては変な話、いつでも『はい、いきます！』ってどんどんいけるピッチャーばっかりだったら、基本的に楽なんですよ。

でも、自分でも経験したとおり、なかなか常に同じ気持ちではいられないですから、そこは選手みんなにお願いして。『さあいこう。やられたら次、後ろにおるからいってこい。

あとは任せろ、こっちに』ということは言っていましたね」

指導者として平井の根底にあるものは、現役時代の経験である。しかし当然ながら、自身の経験を選手に押しつけるわけではない。同じブルペンで自身が経験したことを基に、プラスの感情もマイナスの感情も最大限に生かして、選手の内面に寄り添う。送り出す投手の気持ちが落ち着くように、マウンド上で集中できるように、声をかける。そうして最終的には、「みんなにお願い」することがコーチの仕事になるのだ。

「自分の仕事はあくまで、ブルペンのメンバーを１００％、いい状態で保つことだと思ってましたからね。調子がよくない投手がいる場合には監督とベンチコーチに報告はしましたけど、試合中はブルペンにかかりっきりでした。当然、使うのは監督ですからね」

入団当初から故障させないことが第一だった山本由伸（よしのぶ）

ブルペンのメンバーを１００％、いい状態で保つ。これはコーチとしての理想であって、現実はなかなか１００というわけにはいかない。

「リリーフは１年、２年、３年と続けるのが大変なポジションです。ということは、例えば、一昨年の成績がまあまあよかった、去年はよかった、ということになると、3年目の今年はちょっと気をつけないといけない、という考えが自分のなかではありました」

実際問題、平井が一軍のブルペン担当になった17年、プロ2年目の近藤大亮と1年目の黒木優太（ゆうた）がいずれも50試合以上に登板し、セットアッパーとして活躍した。が、黒木は19年2月に右肘を故障して6月にトミー・ジョン手術。近藤は19年まで3年連続50試合登板を続けたが、翌20年、やはり右肘故障でトミー・ジョン手術を受けた。

両投手とも治療とリハビリのため育成契約となり、故障が癒えた黒木は21年に支配下に復帰。近藤も22年に復帰したが、リリーフ投手が好成績を続けることの難しさを、あらためて平井も実感したことだろう。

とはいえ、勝ちパターンの継投に入って登板数が急増した投手の故障は、オリックスに限らず球界全体の課題と言える。起用法も含め、いかにしてケガを未然に防ぐか――。

故障の予防もコーチとして重要な仕事になるが、その点で想起されるのが、今や球界を代表するエースとなった山本由伸だ。25年ぶりのリーグ優勝もこの投手なしに成し遂げられなかったが、山本は当初、リリーフで実績をつくっており、まさに当時のブルペンコーチが平井だった。

「山本の場合、入団当初から故障させないことが第一、と考えて接してきました。投げ方もそう、投げる量もそう。これから先、コーチとしてできることはしてあげたいなと思っていましたね」

山本はドラフト4位入団ながら、17年、高卒1年目にして一軍で5試合に先発登板。8月31日のロッテ戦でプロ初勝利を挙げた。〈球団の高卒新人の勝利は94年の平井（現・投手コーチ）以来〉と話題になったが、2年目の18年はリリーフに転向。一気に54試合に登板したなか、同年は7月に登録を抹消されている。最短10日間で復帰し、疲労を取り除くことが抹消の理由と報じられていた。実際はどうだったのか。

「あのとき抹消したのは、故障させる前に、ということです。試合中、ブルペンにいると使いたくなってしまう、というのもありました。本人は『落ちるのは嫌だ』と言っていましたが、彼の将来を考えると、リフレッシュさせるのも大事だと判断したんです」

この年、山本は抹消された時点で39試合に投げていた。チームはその時点で89試合を消化していたが、山本自身の登録は69試合だったから、そのうちの39試合と考えればかなり多い。山本は平井が求める「投げたがり」のひとりでもあり、チームとしてブレーキをかけないといけない状態だったのだ。

「もちろん、ブレーキが必要なのは山本だけじゃありません。シーズンを戦っていくなかで、本当にこいつに抜けられると困る、というピッチャーに無理をさせたらダメですし、プロ野球選手はひとりひとりが個人事業主であって、ベンチも故障させるために使っているわけではないので。故障の前に、気づいてあげる。言うまでもないことですが、それはコーチとして大事な仕事のひとつです」

選手に対して過保護にしないように心がけている

コーチとして、故障を未然に防ぐことにつとめてきた平井だが、オリックスでの現役時代に右肘を故障し、手術した経験を持つ。その後、中日へ移籍した03年、開幕からしばらくはリリーフで登板して、5月下旬から先発に転向。これが功を奏して12勝6敗という好成績を残し、同年のカムバック賞を受賞したのだった。

「ちょうど、肘が疲れてきたころに先発ローテに回してもらったので、そこは楽でしたね」と振り返る平井だが、このリリーフから先発への転向に加え、故障から復調した経験は、投手を指導する上で貴重な財産になっているだろう。師匠の山田も言っていたとおりに。

「いい経験と悪い経験、僕には両方あるんですけどね。ただ、やはり、手術して自分の肘のことはよく考えるようになりましたし、逆に、ここまではできるっていう、自分でも線引きができたんです。それ以降、ケガをすることがすべてマイナスかというと、そうでもないのかなと思い始めて。

そういう意味では、選手に対して過保護にしないよう心がけています。でないと、本当はまだいけるのに、半分ぐらいで『ちょっともうやめましょうか』って、選手が自分から終わりにしてしまう。すると、その後のケアも疎かになっていく、という傾向もあるんです。だから、ケガをしてしまったとしても、ケガをしたときほどチャンスと思って、しっかり走り込んで、もう1回、下半身からつくり直してこい、と言いたいですよね」

ケガを防ぐためのブレーキは、監督・コーチのほうからかけることもできる。まさに、山本の登録を抹消したときがそうだった。が、ここまではできる、という線引きについては、選手自身で気づくことが求められる。線引きはリミッターのようなもので、リミッターを外すところまでいって初めて成長がある、ということだろうか。

「結局、プロの世界、ケガを怖がっていたら、それ以上はできないということです。そのリミッターがあるとするならば、リミッターの基準値を自分でどうやって高めていくか。そこでギリギリのところまでいかないと、自分の限界はなかなか超えられないですから。特に、フォームを自分のものにするためには球数を投げなきゃわからない。根気強く、自分のフォームを追求していくとなれば、限界まで球数を投げるだろうし、そういう選手が一軍で結果を残せると思うので」

ど真ん中でも抑えればいい、クソボールでも振ったらストライク

平井が一貫して強調するのが、フォームづくりの大切さである。毎年のようにフォームが変わる投手の場合、変えたことによる成果は別にして、考えて、変えるだけの根気がある証だという。

また、平井自身、フォームづくりをサポートする上で積極的にデータを活用している。

最先端の測定器を使い、動作解析はもとより球筋や回転数などもチェックする。

「データがすべてじゃない、と思っていますが、例えば、シュート回転とか、リリースポイントの位置とか、目に見えてわかるのがいい。『ちょっと肘が下がってるな』と言うだけじゃなくて、数字を見せてあげると選手は納得しますから。『あ、ホントですね』と」

一方、投手のフォームに関しては、また違った意味で気になっていることがある。平井が一軍のブルペンを担当していたときに気づいたことだという。

「結果よりもフォームを気にする選手が多かった、ということです。試合で出ていって打たれたとき、『調子が悪いから打たれました』とか、『フォームが崩れて、コントロールが甘くなって打たれました』とか。言いたいことはわかるんですけど、プロ野球はそっちじゃなくて、まず結果を見ないと。

極端な話、ど真ん中でも抑えればいいわけで、〝クソボール〟でも振ってくれたらストライクですし、それが野球というものなので。自分を苦しめるんじゃなくて、ただバッターを打ち取る、アウトを取る、ということを、もう少し単純に考えてもいいのかなと」

自らの判断で、自身の限界まで挑まずに練習を終える選手。結果が悪かった原因から、勝負を切り離してしまう選手。平井の現役時代にはまず考えられなかったような選手が存在する今、野球を難しく考えて、かえってうまくいかなくなっているのだろうか。

「そのとおりだと思います。アウトローに決まらないと抑えられない、ということはないんですよ。〝失投〟という言葉ひとつにしても、打たれたから〝失投〟であって、打たれなかったら〝失投〟じゃないんです。この話は今もよく選手に言っていますね」

ある意味では、失投などの言葉、すなわち野球慣用句に考え方を縛られている部分もあるのか。そのあたり、今どきの選手たちがSNSによって多量の情報、知識を得ている事実とも無縁ではないのかもしれない。

「今はツールがいっぱいあるので、先に情報、知識が入ってくる。実際、オフに野球教室に参加すると、小学生でもすごい知識を持っていることがわかります。ただ、ツールで入ってきた知識というのは、そこで発信する人が言っていることでしかなくて、自分自身で実行したことではありません。だから僕が言いたいのは、『自分で知識を得たならまずそのとおりにやってみなさいよ』ですね」

あるときの野球教室。かの有名な日本人メジャーリーガーの〝走り込み不要論〟を鵜呑(うの)

みにした小学生から、「ピッチャーは走らなくてもいいんですか?」と質問が飛んできた。平井はすぐさま「いやいや。じゃあ、キミは今、そのメジャーリーガーと同じようなピッチングができるの?」と逆質問。そして「そのピッチャーは完成されているからそういうことを言えるだけなんだよ」と諭した。

「いっぱい情報があって、知識豊富なのは悪いことではありません。そのなかで自分にとって必要なものは何か、不要なものは何か、考えてやらないといけない。あっちではこう言ってます、こっちではこう言ってます、両方、どっちがいいんですか?って、もしも選手に聞かれたとしたら、『両方やってみいや』って、僕は答えますね。そのほうが選手自身のためになると思いますから」

ク。聞くことで、その選手のタイプとか現状を知って、そのフレームに合わせて、こっちがいろんな人間に変化する。それが僕のスタイルです」

選手のタイプや現状によって、自分自身が大雑把な人間に変化することもあれば、几帳面な人間に変化することもある。そのように変化しない限り、いくら聞くことでフレームワークを把握しても、その選手とは絶対に合うことがない。合わないからこいつはダメだ、ということがあってはいけないのがコーチの世界なのだと、大村は力を込めて言う。

「もちろん、プライベートでは好き嫌いありますよ。嫌いな人間とは絶対に合いませんから(笑)。でも、一歩、グラウンドに入ったら、仕事としてのコーチ、選手という立場なので、合わないっていうのはない。合わせるのがコーチです。だって僕、道を歩いていて、そこに野良猫がいたら、『どうしたらこいつオレのことを警戒しなくなるだろう』って、その場で考えますもん。どうやってアプローチしようかなって」

新しいコーチがいきなり「おまえ、こう打て」はあり得ない

いわば〝選手ファースト〟に徹した大村のコーチングスタイル。その原点はどういうも

のだったのか。

「現役を終えてから2年間、解説をやらせていただき、ファイターズから二軍コーチのオファーをいただきました。自分では、指導者になるなんてまったく思っていなかったので、まずやりたかったことをやろうと。選手のときにこうだったらよかったな、というものを逆の立場になってやってみようと。

そのとき、すべて選手に聞くことから始めたんです。まさに解説者としての経験が生きたと思います。選手に取材をしたり、文章を書いたりしていましたから」

大村は06年、日本ハムの二軍打撃コーチに就任した。解説者として選手に取材する前に下調べをしていたとおり、選手個々をきっちりとリサーチして2月のキャンプに臨んだ。タイプや特徴はもとより、その選手がオフに何をやってきたか、プロセスを知らないと先に進めないと思ったからだ。

「新しいコーチが来て、いきなり『おまえ、こう打て』というのはあり得ないと思ったんです。現役のときにそんな経験をして、疑問に感じることもありましたから。そうじゃなくて『あなたはどんなタイプ?』『どういう練習をしてきたの?』と聞くことから始める。

と同時に、球団が実施したコーチ研修を受けて、これが70時間から80時間……相当に長い時間でした。全コーチが対象だったんですけど、僕は面白いなと、すごく興味を持ちました。そこから勉強して自分のものにしていったんです」

研修を受けたなかで、「コーチとは教えるものではない」と学んだ。コーチには〈指導する〉という意味があり、〈教える〉のはティーチ。まずコーチングとティーチングは違うものだと理解して、そのこと自体に共感した。大村自身、選手に聞くことから始めるスタイルはティーチングとは別物、と気づいたからだ。

「聞いて、その選手のプロセスを知ったからこそ、自分が言う言葉を用意できる。選手も『この人は僕のことを多少なりとも知ってくれている』といった安心感があると、口を開いてくれる。

だからまず、心を開かせて、今、何に取り組んでいるのか、どう思って取り組んでいるのか、というところは徹底的に聞いて、こちらはその取り組みをサポートするような感覚でしたね。それでうまくいかなかったら、じゃあ、こういう方法があるね、と。違う引き出しを与えて『やってみたらどうだろう』って、うながすんです」

「糸井を1カ月でなんとかしろ」と言われて

二軍は育成の現場なのだから、若い選手が試行錯誤をして、一軍に上がるまである程度の時間がかかるのは仕方がない――。そう考えていた矢先の06年4月、大村はコーチ1年目にして異例の指導を任されることになる。投手・糸井嘉男（現・阪神）の打者転向が決まり、「専属コーチ」に指名されたのだ。

そのときの糸井は自由枠入団3年目ながら制球難が改善されず、当時の高田繁（しげる）GMが野手としての潜在能力に賭けた。大卒の糸井に時間はかけられない、ということで、GMとの間でこんなやり取りがあった。

「糸井を1カ月でなんとかしろ」

「1カ月なんて無理です。2年ぐらいかかります」

「いや、そんな時間ねえんだよ」

「時間ないって、いろんなことがありますので……」

「いや、1カ月でもう試合に出さすから。おまえは二軍の試合見なくていい。ずっと付きっきりでやれ」

早速、鎌ケ谷の室内練習場でマンツーマンの指導が始まった。大村は50項目におよぶ糸井専用カリキュラムを組み、1日に3～4時間。最初は200球ほど打つと音を上げていた。まだ投手への未練もあっただけに、1カ月後に打者として二軍の試合に出る目標を伝えた上で、大村は糸井に聞いた。

「まず、どういうバッターになりたい？　ホームランか、打率か」

「ホームラン、打ちたい」

「ああ、そう。まあ、ホームランバッター目指すのもいいんだけども、打率3割を3年続けたらすぐ1億円プレーヤーだよ、今の時代」

「じゃあ、そっちにします」

大村は糸井のスイングを見て、「打率を残せてホームランも打てる打者になれる」と確信していた。が、あえてひとつの方向を示してモチベーションを上げさせたのだった。

「アマチュア時代にバッティングの経験があるといっても、プロのバッターは初めてですから、先が見えない不安がある。じゃあ、不安を取り除こうと。1カ月後に二軍の試合に出るという目標、自分がどんなバッターになりたいかという目標、このふたつをはっきりさせたんです」

目標を明確にして、進むべき道を示す。悠長に構えて試行錯誤を繰り返す時間はなかったからこそ、おのずと方向性が定まる部分もあった。その上で、目標を達成するために必要な練習内容と方法をはっきり打ち合わせしておいた。こうして、コーチングにおいていちばん大事な、選手とコーチが同じ目標に向かうことができた。

一方で技術的には、糸井の吸収力に驚かされた。

「これは本当にすごかったです。こちらから言われたこと、こちらがやってみせたことを吸い込むようにして、すぐ覚えちゃう。とにかく早い」

プロでの打撃は初めての糸井にもわかりやすいようにと、大村がその場でさまざまな動きを実演してみせる。糸井にはそれらの動きを素早く再現する能力があり、コースや球種などに応じた打撃を日ごとにクリアしていくのだった。

指導に悩んでいるとき、ペットの飼い方の本を読んで救われた

とはいえ、プロでの打撃は初めてゆえに、ついつい、大村から〝ダメ出し〟をするときも多かった。

「コーチ1年目でしたから、『それじゃダメだよ』って繰り返していて……。1週間ぐらい経ったとき、『そんなにアカン、アカンって言ったら、ほんまにアカンようになってまうでしょ！』って、糸井に言われましてね。真剣にどう指導すればいいか悩みましたけど、『そうか』と気づいて。褒めることができていなかったな、と。それからはちゃんと、項目をクリアしたら『今のオッケー、よかった。じゃ、次いくぞ』って」

悩んでいるとき、書店で目に留まった一冊が救いになった。ペットの飼い方の本で、子犬のしつけについて書いてあった。

〈おしっこを廊下でしても怒っちゃダメ〉

〈トイレに行ってできたら褒めてあげる〉

読んだ翌日から、褒めようと思った。そうして妥協なく、逃げることもなくカリキュラ

ムが順調にクリアされ、3週間が経過したころには1日に1000球を打ち込んだ。大村自身が打撃投手をつとめるときには、1球1球、実況・解説をしながら投げた。

「いい感じで打てるように、『9回裏、ツーアウト満塁。さあ、ここで糸井選手です。ピッチャー、西武の誰々』って。ここでも僕、解説やってたのが生きましたね。そうすると、あいつ、『ああ、興奮してきた』って言って、1回、打席を外すんですよ（笑）。しかも『今日のヒーローは糸井選手です』って、お立ち台までビジュアライゼーション、イメージングして。『今は誰も見てないけど、やがて5万人の前でおまえがデビューする日が来る』って伝えてました」

練習量の多さと会話の量が比例した。〝宇宙人〟の異名があり、ほかのコーチから「難解」と言われていた糸井を、当初は大村も難しく感じた。だが、話せば話すほど、自分をうまく表現できず、伝えられないだけなのだとわかった。その上で両親の人となりを尋ね、生まれ育ちを探ることで糸井の人間性を深く理解できて、1カ月限定指導も完了した。

「それはほかの選手にもそうでしたし、違うチーム、その後のDeNAでも、ロッテでも、いろんなふうに探るようになりました。だから、僕のコーチの最初のスタートのとき、そこまでの仕事を与えてもらって本当によかったと思います」

緊急指導を受けた糸井は、同年、イースタン・リーグで52試合に出場。打率・306、8本塁打、27打点という成績を残した。翌07年には一軍で初出場を果たすと、09年から6年連続で打率3割を超え、オリックス移籍後の14年には首位打者を獲得している。

「当然ながら、誰もが糸井のようにうまくいくわけではありません。道を示しても迷います。迷ったら『ここを目指しているから、今はこうなんだ』と説明する。どの球団でもそうでしたけど、今の選手は説明しないと動かないですから。1回、1回、何のためにやっているのか、これとそれをこのぐらいの期間やったらこうなる、って説明しないと動かない。なぜかというと、ものすごい情報量があるから。だって、バッティングなんて動画サイトですぐ見られますから」

バッティング自体の映像を見て、参考にする程度ならいい。厄介なのは、元プロをはじめ、いろいろな立場の人間が打撃理論を語っている映像である。理論に間違いはないとしても、言葉の使い方と伝え方、受け取り方の違いが迷いにつながる。まして、理論を語る映像はトレーニングの世界、医学の世界にも山ほどある。

「だから、それだけ情報が多いからこそ、シンプルに一本化して、思考の整理、やるべきことの整理をコーチが手伝う。そこがこの時代、大事だな、っていうのは7～8年前から、僕はそういう考えになってますね。前にベイスターズにいたときから」

「やっぱり筒香はダメか」と思われたときが大チャンス

12年限りで日本ハムを退団した大村は、翌13年からDeNAの二軍打撃コーチに就任する。日本ハムと同様に長時間の研修があり、コーチング理論はもとより、チームビルディングからリーダーシップ論までも学んだ。そのなかで対選手のコーチングについては「選手のタイプによってアプローチを変えたほうがいい」と具体例も出てきたが、さらに一歩、踏み込んだ接し方も示された。

その接し方とは、選手がどう考え、何で迷っているかを知り、その上で整理してあげなければいけない、というものだった。そうして迎えた秋、11月半ば、大村はまさに迷える選手に出会った。

前年に自身初の二桁本塁打を放ってブレイクが期待されながら、8月に降格。わずか23

試合の出場に終わり、奄美大島の秋季キャンプメンバーからも外れた筒香嘉智だった。

「当時の筒香は迷路に入ってました。僕はそれまで彼のプロセスを見ていなくて、言葉をかける機会もなかったんですが、横須賀に残留したので初めて聞くことができた。『１年目から全部教えてくれ』と言ったら、誰にどう教わった、夏にこうして、秋にこうして、オフはこうした、というのを克明に憶えているんです。それでプロ入りからの４年分、全部しゃべってくれました、１時間半ぐらいかけて」

　翌年からの二軍監督就任が決まっていた大村は、ほかの二軍コーチとともに横須賀・長浦の総合練習場に残留。選手は筒香を含めて４人と少なかったため、じっくり話す時間があった。対話のなかで、筒香から「来年で野球界を去るかもしれません」と打ち明けられ、そこまで自分を追い込んでいるのか……と思い知らされた。そこで大村は言った。

「だったら、自分の好きなようにやってみたらいい。批判されるかもしれないし、冷たくされるかもしれない。でも、悔いは残らないから。おまえが自分で『もう崖っぷちに来ている』と思うならピンチだけど、ピンチはチャンスに変えられるし、逆に、人々がおまえの名前をそろそろ忘れるだろう。

来年には『やっぱり筒香はダメか』っていう評判になってるはずだから、そこが大チャンスなんだ。だって、みんなが寄って来なくなれば、黙々と練習する時間が増えるんだから。周りの期待が薄れるのは寂しいかもしれないけど、じつはまったく寂しくない。おまえが『やる。何を思われてもいい』って思った瞬間からブレイクは約束される。あとは、そのときのために着々と進んで準備することだよ」

4番バッターに求められるのはホームランだけじゃない

嘘で持ち上げたわけではなく、確信を持って伝えた。1時間半の対話によって、迷いの原因がはっきりわかったからだ。筒香自身、周囲からの期待もあってホームランを求め過ぎていたなか、「これまでどおりに引っ張っているとバッティングがダメになりそうだ」とも感じていた。同時に「広角に打ちたい」「レフトにホームランを打ちたい」という願望があって葛藤していたのだ。さらに大村は筒香に言った。

「わかった。じゃあ広角に打って、打率も残せるのが最強のバッターだ。ホームラン40発打つのもすごいけど、打率が3割を超えるのもすごい。だって、4番バッターに求められるのはホームランだけじゃないんだ。全打席、4番としてチームに貢献する選手じゃないといけない。フォアボールでもいいんだから。意識としては、できれば毎試合、打点を挙げられるように」

迷路から脱出させるべく、「道はこっちだ」と示して導く。大丈夫だと励ましながら、周りからの期待で求めていたことと、4番として求められることとの違いを明確にした。その上で技術的な話に入った。

「ポイントを前にして、インコースの球をライトに引っ張る、というバッティングを4年間していたんですね、筒香は。『そうすると外の変化球を打てない。空振りして』と言っていたけど、それはそうだと。僕はそこで彼に言いました。『ポイントは無数に点在するから、前とか、後ろとか、じゃない。おまえの場合は、もうあらゆるところを打てる。ただ、ちょっと打ててないところがあるから、まずそこからだな」

日本のプロ野球界では、支配下選手への参稼報酬期間は2月1日から11月30日まで。その時期はすでに11月半ばで、大村が筒香に指導できる時間は2週間しかなかった。本来は1〜2カ月かかるところ、2週間で詰め込むことを筒香が快諾。糸井とは違ってプロでのバッター経験が4年あったから、マンツーマン指導ならば可能と判断した。

「糸井と同じで吸収力がすごくて、覚えるのは早かったですが、飽きさせないで、興味を持たせるような練習もいろいろしました。でも、本人がもともとやりたかった広角打法だから、ものにするのも早かったと思うんです。嫌なことをやらされると時間かかるんですけど、自分でやりたいことは身につくのが早い。それは今の若い選手たちにも通じることです」

〝やんちゃ〟な新人選手には特にティーチングが必要

翌14年、筒香は開幕スタメン5番で始動し、打率・300、22本塁打、77打点と自己最高の成績を挙げて大ブレイクした。一方、同年に二軍監督と打撃コーチを兼任した大村は、15年、一軍打撃コーチに就任。成長を遂げた筒香を間近で見守る立場になると、筒香自身は開幕から4番に固定され、打率・317、24本塁打、93打点と前年以上の好成績を残す。

そうして翌16年、筒香は自身初のタイトルとなる本塁打王、打点王を獲得するのだが、大村は15年限りで辞任して退団。自身が生まれ育ったロッテに復帰し、二軍打撃コーチに就任する。折しも、15年ドラフト1位の平沢が入団したときだったが、高卒に限らず、新人選手の育成方針はどのようなものだったのか。

「ロッテの場合、キャンプの前に新人と担当コーチとの面談がありました。例えば、バッティング担当なら一軍と二軍のコーチ全員が集まって、そのうちひとりが選手と向き合います。いきなり、キャンプインの2月1日に『おまえ、じゃあ、この練習しろ』なんて言えないですから。そこで面談で『どんなバッターになりたいか』といったことを聞く。リサーチですね」

面談で新人選手の特徴や願望などがわかったからといって、即指導に入るわけではなかった。現状で持っている技術に触らず、1カ月から2カ月かけて選手を見る。即戦力と見込まれた選手は別にして、二軍始動の新人はとにかく見る。そこには選手の自主性を伸ばす意味合いもあったという。

「ただ、自主性と教育とのバランスが難しいんですね。自主性を伸ばすことを目指すんですけど、新人の場合にはある程度、『これをしなさい』と言っておかないとわからない。わからない選手には『道はこっちだ』って教えてあげないといけないですから。それはもう完全に、無条件で教えることになる。これはコーチングじゃなくてティーチングです」

選手をサポートし、目標到達へのヒントを与えて「導く」コーチングに対し、目標到達に向けて最低限必要な答えを「教える」ティーチング。大村としては、できるだけ答えを教えたくないのだが、近年はティーチングの必要性を痛感してきた。

「新人も才能があってプロに入ってきている。だから我々としてはなんとか最大限に特徴を引き出したい。だけど、引き出し方が組織の方針と違ったりもするんです。例えば、〝やんちゃ〟な選手。『ちょっと目をつぶって、自由奔放にやらせたほうが引き出せる』と我々は思うわけです。

でも、組織には『こいつ何だ、態度が悪い』と見られるときがある。そう見られたら、この世界から消えてしまう。だから、規律正しく管理されたなかでは難しいかなと感じた選手には、特にティーチングが必要だなと」

一方で新人の場合、それこそ選手自身に聞いた願望、求めるものと、チームとして必要なことが違うときがある。

「アマチュアではずっと4番で、バントなんかやったことない選手が入ってくる。でも、その選手がプロでは1番とか7番を打つことがあるわけです。そうしたら『やっぱりバント練習もやろう。プロの世界では必要だから』って教えることになる。『ゲームで必要になるときがあるからやってくれ』と。その上で、『フリーに打つときのために、おまえのバッティングをつくっていこう』って言いますね」

選手に「腹立ってます」と伝えたところでどうにもならない

大半の新人選手にはコーチングとティーチングの両方が不可欠であって、丁寧な説明とともにモチベーションを保つための言葉も大事になる。そう考える大村は、コーチとしての自分に対する周りの目も意識する。新人の目はもとより、自身が新しいチームに迎えられたときも同様だ。

「一歩、グラウンドに入ったとき、自分がどう見られているか。話しやすそうなのか、ちゃんと話を聞いてくれそうなのか。あるいは、この人に聞いたらほしいアドバイスをもらえる、と見られているのか……とか。これはいつも気になります。

要は、話しやすい印象を与えているか、なんですけど、いざ話すときには僕の経験などを伝えながら、逆に『今、何が流行ってんだ？』とか聞くときもあります。わからないですからね。なるべく選手と近い言葉を使ったりもしています」

では、大村にとって、コーチとして手応えを感じるのはどういうときなのか。当然、若い選手の成長が目に見えたときと思われるが、それは打撃の結果が出ることが第一なのだろうか。

「もちろん、試合で打ってくれるのはうれしいですよ。特に僕はこれまで、どの球団でも二軍から一軍担当に替わってきました。だから一軍のコーチになって、二軍で新人のときから指導していた選手がプロ初ホームランを打つ、プロ初ヒットを打つ。そういうシーンを目の前で見ていると、暑いときもファームのグラウンドでがんばってきた選手が、僕に怒られたりしながらやっていた選手がこうして打つんだな、ってうれしくなります」

二軍から一軍に上がってくること自体うれしいのだから、それで結果が出ればうれしさは倍増するわけだ。ところで、二軍の若い選手を怒る、ということはティーチングの一環なのだろうか。

「怒る、という言葉は適切じゃなかったですね。コーチングで『怒ると叱るは違う』ってよく言いますけど、僕の場合、『叱る』でもなくて『諭す』ですね。少し前に、怒るも叱るもその指導者の感情じゃないか、と思い始めてきて……。

選手に対して、『なぜ、それがいけなかったのか』『なぜそのことをしたのか』というところを聞いて、じゃあ、それに対してどう思っているのか、今後、どうしていけばいいのか、それによって周りへの影響はどうだったのか、ものすごく細かく、冷静に諭してあげます」

怒りの感情で「何してんだ！」と叫んでも、それは大きい声や怒鳴り声、恐怖によって一時的に改善されるだけ。10年、20年、ずっと改善してほしいと思う大村は怒らない。これまで、怠慢で犯したミスに対して1、2回、ポーズで怒鳴ったことはあったが、若ければ若いほど「ビクッとするだけ」とわかってから一切やめた。

「日本ハムのとき、まだ現役だった金子誠（現・日本ハム野手総合兼打撃コーチ）から言われました。『大村さん、怒ったことあるんですか？』って。『ないな』って答えました。ガーッって腹が立つかもしれないけど、相手に『腹立ってます』って伝えたところで、どうもならないから。

そりゃ、試合でね、インコース、バーンと際どいところにきたらガーッて怒ったことありますけど、指導のなかではないですね、自分が疲れてきますから。それよりも、ちゃんと、本当によくなってほしい」

よくなってほしいがために、結果を出した選手はすぐに褒めることにしている。それも思い切り褒めちぎる。

「若手はそこでゴールじゃないんで、引き締めなきゃいけないんですけど、僕はそこは締めないんです。ものすごく喜んで『ああ、すばらしいね』って。翌日も『ああ、すばらしいね』と（笑）。選手によっては『いいか、ここからスタートだぞ』って言うときもありますよ。でも、だいたいは褒めちゃいますね」

「おまえはこれをやれ」と言われるままだった現役時代

選手に聞いてリサーチし、選手のタイプに合わせて自ら変化し、必要に応じて選手を諭し、結果を出した選手はほぼ無条件で褒める。そのコーチングスタイルは長年の指導者経験で培われてきたが、最初の就任以前、大村はコーチになる自分自身をまったく想像していなかった。そこで、初めてコーチになったときには、前述のとおり「選手のときにこうだったらよかったな、というものを逆の立場になってやってみよう」と考えた。

すなわち、そのコーチングには、現役時代の経験も生かされている。それこそ、選手として、どういうタイプだったのか。

大村は北海道・東海大四高（現・東海大札幌高）時代、2年時にエースとして夏の甲子園大会に出場。打撃にも光るものがあり、1987年のドラフト、ロッテから6位で指名されて入団すると、すぐに外野手に転向した。

しばらくファーム暮らしが続いたなか、コーチの教えを素直に聞き入れていたが、指導に疑問を持つ時期もあったという。

「僕の現役時代のコーチとのコミュニケーション。最初のころはまず『おまえはこれをやれ』と言われて、『はい』しかなかったです。また、ある日、それとは違うことを言われて、『おまえはこうだ』、『はい』。田舎から出てきて、ちゃんとコーチの意見を聞いて、そのとおりにやっていればうまくなるんだ、って信じていましたからね。でも、レギュラーになっていく選手って、『そんなの関係ないよー！』って言うような性格だったんです」

よく「聞く耳を持つ」といわれる。選手がコーチの意見をすべて受け入れていたら、自分を見失いかねない。かといって、全意見を突っぱねたら人間関係に亀裂が生じる。だから聞く耳を持って、全意見をいったんは受け入れて、自分に有効なものだけを残しながら、右の耳から左の耳へと聞き流す。それができる選手がレギュラーになっていった反面、大村にはできなかった。

「言われましたよ、コーチに。『おまえ、右から左でいいんだよ』と。でも僕にしたら、あなたが『これをやれ』って言ったんじゃないですかって（笑）。真剣に聞いてたのに、聞いてないのと同じになっちゃう、と思って……。

それからちょっと、疑問に思った時期があるんです。僕がこうやりたいっていう意見をなぜ受け入れてくれないんだろう、もしくは、受け入れてくれる雰囲気ではないんだろうと。『まあ、それがプロなんだ』と納得するしかなかったですね、当時は」

なかには、自分の意見を聞いてくれるコーチもいた。が、結局は結果がすべて。成績が上がらなければ、ゴールまでのプロセスは選べなかった。毎年、言われるがままに打撃フォームを変えていき、シーズン中に2回、3回と変わるときもあった。それでも結果につながらないから、試合後、たったひとりで打撃練習する日々が続いた。

「そこまで行ったとき、自分のものをつくりたい、と思い始めたんですね。毎年毎年、自分以外のものから与えられて、変わるんじゃなくて。自分で考えて、発想して、生み出して、これをものにするまで一生懸命に練習するんだ、と吹っ切れるきっかけはありました。それはもう、自分がこのまま来年ダメだったらこの世界にいないだろう、と思い始めたころ。プロに入って、5~6年目ぐらいだったと思います」

理想のコーチングは「オレが教えた」とは正反対

5年目の92年、9月30日の対オリックス戦。大村は7番・レフトでスタメンに抜擢され、プロ初出場を果たす。翌93年には初安打、初本塁打も記録して50打席に立ったが、94年は一軍出場ならず。それでも95年、米マイナー1Aのチームに野球留学した経験がひとつの転機になる。ロッテから野手4人、投手7人が選ばれたなかのひとりとして参加した。

「チームの打撃コーチがすごく親身になってくれて。ある日、僕が打てなくて黙っていると、そのコーチが『昨日、大村の夢を見た。4安打したんだ』って言うんです。嘘、かもしれない（笑）。でも、そこまで気にかけてくれてるんだ、と思って。そしたらその日、3安打しましたけど、そうやってコーチがモチベーションを上げることが実際にあるんだ、と学びました」

調子が悪いときに「おまえはいい選手だから自信を持て。できる、大丈夫だ」と励まされ、本当に気分が変わって結果が出た日もあった。大切なのは気持ちだ、と教えてもらった。その年から一軍出場が増えた大村は「来年ダメだったら」ではなくなり、99年には自身初の二桁本塁打。２００３年まで16年間の現役生活を送れたのも、野球留学という転機があったからなのだが、それは大村にとってコーチングの起点でもあったのだ。

「引退して、解説者になって2年後、二軍のコーチとして日本ハムに入団したとき、一発目に球団代表に言われたんです。『ウチは〝誰々のおかげ〟とか〝オレが教えた〟とか、そんなの評価しませんから』って。うわ、いいチームだな、と感じました。すごく僕が言いたかったところでもあり、そういう方針の球団なら大丈夫だと思えたんです」

大村の現役時代は「おまえはこれをやれ」と言われ、仮に1週間後に改善されて結果が出れば、「オレがあれを言ったからよくなったな」と言われかねなかった。「ダメなら選手の責任、よかったらコーチの手柄」とするような悪しき関係性は、今の時代も完全になくなったわけではないが、当時はそこかしこにあった。

「でも、それは反面教師でね、こちらが勉強していけばいいので。過去のコーチがダメだ、ダメだって、僕も思った時期はあったんですけど、今は過去のコーチがすべて教えてくれたなと思います。自分が今あるのは、すべての人のおかげだなと。だから『こうしよう』という発想が出てくるし、これからもそれを実践していきたいんです」

大村が理想とするコーチングは「オレが教えた」とは正反対。選手自身がコーチに教えられたとは気づかないまま、自発的に取り組んでいる状態にしたいという。

「コーチとしての僕の役目は、遠回しでもいいので、選手にアイデアを出してあげる。アイデアに選手が共感して、例えば1年後、振り返ったときに『あれ、自分が考えてやったんですよ』と言ってもらったら、僕の成功なんです。人から与えられたものは離れていくので、自分からやったんだという記憶になるようにしたい。だって、選手とコーチは何年かしたら離れますから、この世界は。離れた状態を前提に逆算して、自立させないといけないですから」

全3球団で一軍、二軍コーチをつとめてきた野球人ならではの言葉だろう。

そんな大村にとって、ロッテ一軍コーチ時代に初めて感じたうれしい瞬間があるという。

「これまでなかった質問をされたときでした。あれ？　そんなこと聞くようになったの？という。例えば、試合中なら『今ピッチャーがこうなってきているから、こうですよね？』とか。あるいは『僕はこうやってますけど、合ってますか？』とか、『この練習、今こういう状態ですけど、ほかにどんな方法がありますか？』とか。

特に、それまで一度も聞いてこなかった選手に聞かれると、成長したな、と感じてうれしくなります。もちろん試合で結果が出るのもうれしいですけど、それ以上ですね」

5年ぶりに復帰したDeNAでも、二軍の若手から有意義な質問が出ることを心待ちにしてきた。選手個々が持つ情報量が多いだけに、質問への回答は簡単ではない。

「今の若い選手は賢いですから、どんな質問にもちゃんと答えられる頭とハートで準備しておかないとダメですね。ただ愛想よく『ハイ、ハイ』と返事されて終わりですよ。このコーチにはこう言っておけばいいや、と。

だから僕自身、いろんな勉強をしないといけないし、その上で選手にひと言でも、10年間、残る言葉を伝えたい。その選手の野球だけじゃなく、現役を終わったあとの人生の指針となるような言葉を残してあげたいですね」

終章　「名コーチ」と言われたくない

本当の「名コーチ」の条件とは？

ここまで、６人のコーチのプロセスに光を当ててきた。その上でコーチ自身の結果ではないが、在任中の実績を記した。

実績の最たるものは優勝への貢献であり、チームの各成績の向上。あるいは、選手のポテンシャルを引き上げたこと。結果を残したのはあくまでもチーム、選手であってコーチではない、と強調する人もいたが、職能の証として書かせてもらった。

果たして、本当の「名コーチ」の条件は見出せただろうか。

その点で極めて示唆的なのが、「あんまり『名コーチ』って言われるのは嫌でした」という吉井理人の言葉である。

周りから「名コーチ」と認められていたのだから、そのまま受け入れてもよかったはず。にもかかわらず、吉井本人が嫌がっていたのは、「名コーチ」という言葉に、旧態依然の指導者像が見え隠れするからかもしれない。

吉井は言っていた。選手自身、「自分はコーチのおかげで成長できた」とは思わずに、「自分でできた」という感覚に持っていくのがコーチのいちばんの役目なのだと。

すると逆に、コーチが「この選手は自分の指導のおかげで成長できた」、つまりは「オレが育てた」などと言うことはあり得ないわけだ（あり得ないのだが、筆者はそう言う野球人にひとり、ふたり、面会したことがある）。

ところがマスメディアは、序章でも触れたとおり、昭和時代から続くコーチと選手の師弟関係を好んで伝えがちだ（監督と選手の師弟関係も同様）。それだけに、どうしても「名コーチ」には「名選手を育てた指導者」というイメージがつきまといやすい。そんな「名コーチ」のイメージこそ、吉井にとっては不本意だったのではないか。

では、吉井も納得する「名コーチ」とはどういうものだろう。

大前提は、選手が「自分でできた」という感覚に持っていけること。なおかつ投手コーチなら投手、打撃コーチなら野手、担当する選手全員の成績向上を目指して地道に作業し、勉強し、常に「選手が主役」と考えられること。これはひとつ、本当の「名コーチ」の条件と言えるのではないか。

指導者のライセンスは存在しない野球界

コーチのいちばんの役目に関して、吉井と同じように言及していたのは大村巌だ。曰く、選手自身がコーチに教えられたとは気づかないまま、自発的に取り組んでいる状態にするのが理想のコーチング。例えば、出してあげた練習のアイデアに選手が共感して、あとで振り返ったとき、「あれ、自分が考えてやったんですよ」と言ってもらったら、コーチとしては成功なのだと。

ここであらためて強調しておきたいのは、大村が現役引退後、日本ハムの二軍コーチに就任したときの話だ。

当時の球団代表と面接した大村は、「ウチは〝誰々のおかげ〟とか〝オレが教えた〟とか、そんなの評価しませんから」と言われた一方、80時間にもおよぶコーチ研修を受けていた。これが2006年のことで、その後はDeNAでもロッテでも研修を受けているが、現状、12球団のうち何球団がコーチ研修を実施しているだろうか。

サッカー界と違って、野球界には監督・コーチになるためのライセンスは存在しない。そのため、今に始まったことではないが、監督選びは知名度や現役時代の実績が優先されやすく、コーチは人脈とコネを利かせた縁故採用が多くなる。いずれも、基本線は球団OBだ。そのなかで勝てる監督はいて、仕事ができるコーチも確かにいる。が、うまくいかないケースが多いのも事実。

本来であれば、野球界も指導者のライセンス制度を導入すべきだろう。だが、今のところその気配はなく、気運が高まっているようにも感じられない。ならば、現実的には、コーチ研修を実施する球団が増えることに期待したほうがいいのか（筆者が把握していないだけで、すでに大半の球団が実施していたらいいのだが……）。

とはいえ、研修を受けさえすれば、誰もが本当の「名コーチ」になれるものでもないだろうし、どういう内容の研修を受けるか、という問題もある。そもそも、研修が勉強のすべてではない。橋上秀樹のように、接客業で勉強したことがコーチングに生きたケースもあるのだから。

今も変わらない、日米のコーチングの違い

勉強しないままコーチになった人間が何を頼りにするかといえば、自身の現役時代の経験だ。経験則だけで語るコーチを「へぼ」と称したのは吉井だが、それは彼がまだ若手だった昭和時代の話——。

さすがに、平成を経て令和の時代になってそういうコーチは減ったのかと思いきや、じつはそうでもないらしい。巨人、ロッテを経て、21年に海を渡った澤村拓一(ひろかず)（レッドソックス）がインタビューで日米の違いを語るなか、日米どちらがいいか悪いかではないことを大前提とした上で、日本のコーチについて指摘していた。

「どうしても『俺はこうだった』とか『こうやってきた』と自分の価値観や経験、固定観念を押しつけるように言う人が多いですからね。それよりはその意見も踏まえた上で、『その選手には何が最善の形なのか』を一緒になって追求するコーチングのほうが良いの

ではないかなと感じます」（澤村拓一、MLB1年目の本音　スポーツナビ　21年6月14日）

筆者はとっさに、いまだにそうなのか！と声を上げたくなった。

というのも、筆者がコーチの取材を思い立ったきっかけには日米のコーチングの違いもあり、原点は大家友和（元・横浜ほか／現・DeNA二軍投手コーチ）によるコラムだった。それは大家自身、メジャーで2年連続二桁勝利を挙げた翌年、04年2月に一般紙に掲載されたものだ。

「米国で出会った監督やコーチは脇役に徹し、『選手が自分たちにどれだけ忠実か』なんてことには執着しなかった。日本では必ずしも、自分の信じる方法を通せたわけではない。『押しつけ』と感じても、周囲のアドバイスに従わざるを得ない雰囲気もあった」（『朝日新聞』私の視点　04年2月21日）

澤村の発言と共通しているのは「押しつけ」である。大家が日本プロ野球を飛び出したのは1999年だから、それから20年以上が経過している。にもかかわらず、コーチ自身の経験を押しつける指導はなくなっていないのかと、澤村の発言で痛感させられた。大家はアメリカで受けた指導について、同コラムでこう記している。

「ピッチング・コーチのマイク・グリフィンは『人の顔かたちが違うように、投球が投手によって違うのは当たり前』と、個性をさらに引き出そうとしてくれた。そんな指導法が僕にはぴったりで、米国に来て野球が何倍も楽しくなった」

澤村のインタビューもまた、「本当に今、毎日がすごく楽しいですよ」という言葉で結ばれていた。

押しつける指導者は反面教師

メジャーでプレイした吉井のみならず、マイナーのチームに野球留学した大村も、日米のコーチングの違いについて言及している。自らの経験を押しつけたり、説明もなく頭ごなしに命令したりしていた日本のコーチについては、反面教師にしたという。

これは鳥越裕介も同様だった。

「上の人から理不尽な感じで言われたときに、正直、おかしい、こんなんあり得ないだろうって思ったこと。自分が指導する立場になったとき、そういうことは絶対、自分ではやりたくないという思いがありました」

選手としては不本意だったことも、指導者になって振り返ると、それだけでコーチングを勉強したのと変わらない意味を持つ。遠回りだが確実な勉強と言えるかもしれない。

その点、石井琢朗は、現役時代に指導を受けたコーチに対する不平不満などは打ち明けていなかった。そのかわり、石井自身が、勉強しないままコーチになっていた可能性を語っていた。

「ずっと横浜にいてコーチになっていたら、僕自身のプライドが強過ぎて、『自分はこうやってきたんだから』って押しつけて、選手を型にはめるというか、それ以上の指導はできなかったのかなと」

まさに、「押しつけ」なのだ。通算2432安打をはじめ、石井の実績は輝かしいものばかり。指導される選手は、何をどう言われようと受け入れるしかなくなるだろう。

奇しくも、石井に一から打撃を指導し、〝マシンガン打線の生みの親〟と称された高木由一がこう語っている。

「選手には、その人、その人でいろいろな感性があって、少年野球からずっと築いてきた土台があるんですよね。それまで取っ払って押しつける指導者もいるんだけど、僕はそういうのはとてもできなかったし、コーチってそういうもんじゃないと思う。その人の感性を生かして、土台をしっかりさせて、少しずつ微調整しながら、愛と情熱を持って導いていくものじゃないですか？　僕はそう思います」

大事になるアナリストとコーチの関係性

石井が「押しつける指導者」にならなかったのは、高木のようなコーチに恵まれたことに加え、横浜を出て4年間、広島で現役を続けたことが大きかったようだ。移籍によって野球環境が変わり、自身を客観視する効果もあったのか、「広島が勉強の場だったのかもしれない」と語っていたとおりだ。

そういう意味では、平井正史もまた、現役時代のオリックスから中日への移籍が勉強につながっていた。手探り状態でスタートした二軍コーチから、わずか2年で一軍への昇格が決まったとき、「まだ早いな」と不安を感じた。そこで、中日時代の投手コーチだった近藤真市に教えを請いに行っている。

ここまで登場した6人のうち、唯一、平井は他球団でのコーチ経験がないものの、オリックスでは二軍、一軍、育成と全クラスを担当してきて8年になる。この先、石井のように「いろんなチームから声がかかる」コーチになるだろうか。

ところで、平井の取材については筆者自身、旧知のスコアラーからの推薦が契機だった。推薦の理由は「各選手のいろいろなデータを積極的に生かしていること」。すなわち、高精度の測定機器によって得られたデータである。

測定機器とは、トラックマン（投球や打球の分析）、ラプソード（ボールの回転軸や変化量を立体的に見せる）、ブラストモーションセンサー（主にバットの軌道を計測）など。中心となって運用するのはアナリスト、統計と分析の専門家だ。

近年、そういった機器で得られたデータの分析と活用がより重要になっており、野球界ではアナリストの必要性が高まっている。

このアナリストにとって最も大事になるのが、コーチとの関係性をどうするかだという。得られたデータは、選手の能力と技術を示すものだからだ。また、コーチとしても、自らの指導効果が測定機器で顕在化するケースもあり、今後、アナリストとの密なコミュニケーションが必要不可欠になっていきそうだ。

また、測定機器については、アマチュア球界でも導入が進んでいる。なかには高校生でありながら個人で機器を導入し、自らの能力を数値で把握しているケースもある。そうした選手が入団してきた場合、コーチとしても、各数値の意味するところを理解しておく必要があるだろう。

総じて、コーチの仕事は以前よりも増え、変化してきている。と同時に、経験則による指導はますます通用しなくなることだろう。

おわりに

草創期には監督と選手しかいなかったプロ野球の世界に、コーチという職務が誕生して70年あまり。現在では各チーム、一軍と二軍を合わせて20人近いコーチがいるのは当たり前になり、三軍があれば25人前後。なおかつ、ベンチとブルペンに分かれる投手コーチはもとより、打撃コーチも複数いるのが珍しくなくなった。

さらには橋上秀樹がそうだったとおり、チームによっては「技術を教える技術コーチ」以外に、作戦コーチや戦略コーチなど「技術そのものは教えないコーチ」も存在する。

いわば、コーチの分業化が進んで人員が増えた。増えた分だけ、本当の「名コーチ」もこれから増えていくことを期待したくなる。

これから、という意味で興味深いのは、本書に登場した6人に指導された選手の将来像だ。いずれは現役を引退したあと、なかにはコーチになる人もいるだろう。そのとき、6

人それぞれに受けた指導はどう生きるのか。

まず、おそらく、６人は６人とも反面教師にはならない。そして、〈いいコーチに育てられた選手はいいコーチになる〉という考え方を否定する吉井理人はこう言っていた。

「選手は自分のことしか考えてなくて、いいコーチングされたことなんか憶えてないし、いいコーチはそれを気づかせちゃダメだ、というふうに思ってたので」

本当の「名コーチ」の条件とつながる言葉だが、コーチになるからには自ら勉強するしかない。近道はなく、地道に続けるしかない、ということだ。

最後になったが、本書の取材にご協力いただいたすべての野球人に感謝したい。

ありがとうございました。

（文中敬称略）

髙橋安幸（たかはし やすゆき）

一九六五年、新潟県生まれ。ベースボールライター。日本大学芸術学部卒業。出版社勤務を経てフリーランスとなり、雑誌「野球小僧」（現「野球太郎」）の創刊に参加。主に昭和から平成にかけてのプロ野球をテーマとして精力的に取材・執筆する。著書に『増補改訂版　伝説のプロ野球選手に会いに行く　球界黎明期編』（廣済堂文庫）、『根本陸夫伝　プロ野球のすべてを知っていた男』（集英社文庫）など。

「名コーチ」は教えない　プロ野球新時代の指導論　　集英社新書一一二三H

二〇二二年七月二〇日　第一刷発行

著者……髙橋安幸

発行者……樋口尚也

発行所……株式会社集英社

東京都千代田区一ツ橋二-五-一〇　郵便番号一〇一-八〇五〇

電話　〇三-三二三〇-六三九一（編集部）
〇三-三二三〇-六〇八〇（読者係）
〇三-三二三〇-六三九三（販売部）書店専用

装幀……原　研哉

印刷所……凸版印刷株式会社

製本所……加藤製本株式会社

定価はカバーに表示してあります。

ISBN 978-4-08-721223-5 C0275

Printed in Japan

a pilot of wisdom

集英社新書　好評既刊

ホビー・スポーツ――H

イチローUSA語録	デイヴィッド・シールズ編
チーズの悦楽十二カ月	本間るみ子
両さんと歩く下町	秋本　治
田舎暮らしができる人 できない人	玉村豊男
手塚先生、締め切り過ぎてます！	福元一義
食卓は学校である	玉村豊男
武蔵と柳生新陰流	赤羽根龍夫 赤羽根大介
オリンピックと商業主義	小川　勝
F1ビジネス戦記	野口義修
ラグビーをひもとく 反則でも笛を吹かない理由	李　淳馹
東京オリンピック 「問題」の核心は何か	小川　勝
「野球」の真髄 なぜこのゲームに魅せられるのか	小林信也
勝てる脳、負ける脳 一流アスリートの脳内で起きていること	内田　暁 小林耕太
羽生結弦は助走をしない	高山　真
羽生結弦は捧げていく	高山　真
「地元チーム」がある幸福 スポーツと地方分権	橘木俊詔
ジョコビッチはなぜサーブに時間をかけるのか	鈴木貴男
五輪スタジアム 「祭りの後」に何が残るのか	岡田　功
バーテンダーの流儀	城アラキ
忘れじの外国人レスラー伝	斎藤文彦
MotoGP 最速ライダーの肖像	西村　章
落合博満論	ねじめ正一
猪木と馬場	斎藤文彦

a pilot of wisdom

ノンフィクション——N

- 妻と最期の十日間　桃井和馬
- 鯨人　石川梵
- ゴーストタウン チェルノブイリを走る　エレナ・ウラジーミロヴナ・フィラトワ 池田紫・訳
- 笑う、避難所 石巻・明友館136人の記録　頓所直人 写真・名越啓介
- チャングム、イ・サンの監督が語る 韓流時代劇の魅力　イ・ビョンフン
- 女ノマド、一人砂漠に生きる　常見藤代
- 幻の楽器 ヴィオラ・アルタ物語　平野真敏
- 風景は記憶の順にできていく　椎名誠
- 実録 ドイツで決闘した日本人　菅野瑞治也
- 「辺境」の誇り——アメリカ先住民と日本人　鎌田遵
- 奇食珍食 糞便録　椎名誠
- ひらめき教室 「弱者」のための仕事論　松井優征 佐藤オオキ
- 橋を架ける者たち——在日サッカー選手の群像　木村元彦
- ナチスと隕石仏像 SSチベット探検隊とアーリア神話　浜本隆志
- 堕ちた英雄 「独裁者」ムガベの37年　石原孝
- 癒されぬアメリカ 先住民社会を生きる　鎌田遵
- 羽生結弦を生んだ男 都築章一郎の道程　宇都宮直子
- 花ちゃんのサラダ 昭和の思い出日記　南條竹則
- ある北朝鮮テロリストの生と死 証言・ラングーン事件　羅鍾一 永野慎一郎・訳
- 原子の力を解放せよ 戦争に翻弄された核物理学者たち　浜野高宏 新田義貴 海南友子
- ルポ 森のようちえん SDGs時代の子育てスタイル　おおたとしまさ
- シングルマザー、その後　黒川祥子
- 9つの人生 現代インドの聖なるものを求めて　ウィリアム・ダルリンプル パロミタ友美・訳
- 財津和夫 人生はひとつ でも一度じゃない　川上雄三

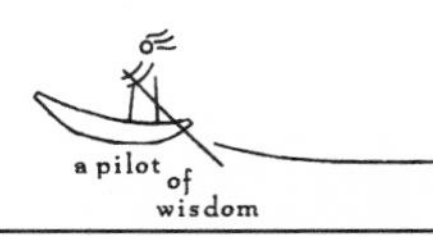

広告が憲法を殺す日　本間　龍／南部義典
よみがえる戦時体制　治安体制の歴史と現在　荻野富士夫
権力と新聞の大問題　望月衣塑子／マーティン・ファクラー
「改憲」の論点　木村草太／青井未帆　ほか
保守と大東亜戦争　中島岳志
富山は日本のスウェーデン　井手英策
スノーデン　監視大国　日本を語る　エドワード・スノーデン／国谷裕子　ほか
「働き方改革」の嘘　久原　穏
国権と民権　佐高　信／早野　透
限界の現代史　内藤正典
除染と国家　21世紀最悪の公共事業　日野行介
安倍政治　100のファクトチェック　南　彰／望月衣塑子
「通貨」の正体　浜　矩子
隠された奴隷制　植村邦彦
未来への大分岐　マルクス・ガブリエル／マイケル・ハート／ポール・メイソン／斎藤幸平・編
「国連式」世界で戦う仕事術　滝澤三郎
国家と記録　政府はなぜ公文書を隠すのか？　瀬畑　源

水道、再び公営化！　欧州・水の闘いから日本が学ぶこと　岸本聡子
改訂版　著作権とは何か　文化と創造のゆくえ　福井健策
朝鮮半島と日本の未来　姜　尚中
人新世の「資本論」　斎藤幸平
国対委員長　辻元清美
アフリカ　人類の未来を握る大陸　別府正一郎
〈全条項分析〉日米地位協定の真実　松竹伸幸
日本再生のための「プランB」　兪　炳匡
新世界秩序と日本の未来　内田　樹／姜　尚中
世界大麻経済戦争　矢部　武
中国共産党帝国とウイグル　橋爪大三郎／中田　考
安倍晋三と菅直人　尾中香尚里
ジャーナリズムの役割は空気を壊すこと　森　達也／望月衣塑子
代表制民主主義はなぜ失敗したのか　藤井達夫
会社ではネガティブな人を活かしなさい　友原章典
自衛隊海外派遣　隠された「戦地」の現実　布施祐仁
北朝鮮　拉致問題　極秘文書から見える真実　有田芳生

集英社新書　好評既刊

社会――B

- 非モテの品格 男にとって「弱さ」とは何か　杉田俊介
- 「イスラム国」はテロの元凶ではない　川上泰徳
- 日本人 失格　田村 淳
- たとえ世界が終わっても その先の日本を生きる君たちへ　橋本 治
- あなたの隣の放射能汚染ゴミ　まさのあつこ
- マンションは日本人を幸せにするか　榊 淳司
- 敗者の想像力　加藤典洋
- 人間の居場所　田原 牧
- いとも優雅な意地悪の教本　橋本 治
- 世界のタブー　阿門 禮
- 明治維新150年を考える ――「本と新聞の大学」講義録　一色 清／姜尚中ほか
- 「富士そば」は、なぜアルバイトにボーナスを出すのか　丹 道夫
- 男と女の理不尽な愉しみ　林 真理子／壇 蜜
- 欲望する「ことば」「社会記号」とマーケティング　嶋 浩一郎／松井 剛
- ぼくたちはこの国をこんなふうに愛することに決めた　高橋源一郎
- ペンの力　浅田次郎／吉岡 忍
- 「東北のハワイ」は、なぜV字回復したのか スパリゾートハワイアンズの奇跡　清水一利
- 村の酒屋を復活させる 田沢ワイン村の挑戦　玉村豊男
- デジタル・ポピュリズム 操作される世論と民主主義　福田直子
- 戦後と災後の間 ――溶融するメディアと社会　吉見俊哉
- 「定年後」はお寺が居場所　星野 哲
- ルポ 漂流する民主主義　真鍋弘樹
- ルポ ひきこもり未満　池上正樹
- 中国人のこころ「ことば」からみる思考と感覚　小野秀樹
- わかりやすさの罠 池上流「知る力」の鍛え方　池上 彰
- メディアは誰のものか ――「本と新聞の大学」講義録　一色 清／姜尚中ほか
- 京大的アホがなぜ必要か　酒井 敏
- 天井のない監獄 ガザの声を聴け！　清田明宏
- 限界のタワーマンション　榊 淳司
- 日本人は「やめる練習」がたりてない　野本響子
- 俺たちはどう生きるか　大竹まこと
- 「他者」の起源 ノーベル賞作家のハーバード連続講演録　トニ・モリスン
- 言い訳 関東芸人はなぜM-1で勝てないのか　ナイツ塙 宣之

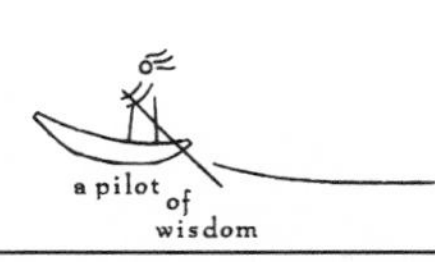

自己検証・危険地報道	安田純平 ほか
都市は文化（アート）でよみがえる	大林剛郎
「言葉」が暴走する時代の処世術	太田光 山極寿一
性風俗シングルマザー	坂爪真吾
美意識の値段	山口桂
ストライキ2.0 ブラック企業と闘う武器	今野晴貴
香港デモ戦記	小川善照
ことばの危機 大学入試改革・教育政策を問う	東京大学文学部広報委員会・編
国家と移民 外国人労働者と日本の未来	鳥井一平
LGBTとハラスメント	神谷悠一 松岡宗嗣
変われ！ 東京 自由で、ゆるくて、閉じない都市	隈研吾 清野由美
東京裏返し 社会学的街歩きガイド	吉見俊哉
人に寄り添う防災	片田敏孝
プロパガンダ戦争 分断される世界とメディア	内藤正典
イミダス 現代の視点2021	イミダス編集部・編
中国法「依法治国」の公法と私法	小口彦太
福島が沈黙した日 原発事故と甲状腺被ばく	榊原崇仁

女性差別はどう作られてきたか	中村敏子
原子力の精神史――〈核〉と日本の現在地	山本昭宏
ヘイトスピーチと対抗報道	角南圭祐
世界の凋落を見つめて クロニクル2011-2020	四方田犬彦
「自由」の危機 ――息苦しさの正体	藤原辰史 内田樹 ほか
「非モテ」からはじめる男性学	西井開
妊娠・出産をめぐるスピリチュアリティ	橋迫瑞穂
マジョリティ男性にとってまっとうさとは何か	杉田俊介
書物と貨幣の五千年史	永田希
インド残酷物語 世界一たくましい民	池亀彩
シンプル思考	里崎智也
韓国カルチャー 隣人の素顔と現在	伊東順子
「それから」の大阪	スズキナオ
ドンキにはなぜペンギンがいるのか	谷頭和希
何が記者を殺すのか 大阪発ドキュメンタリーの現場から	斉加尚代
フィンランド 幸せのメソッド	堀内都喜子
私たちが声を上げるとき アメリカを変えた10の問い	和泉真澄 坂下史子 ほか

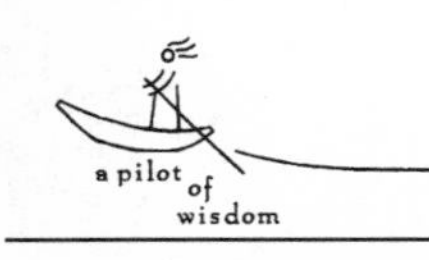

集英社新書　好評既刊

財津和夫 人生はひとつ でも一度じゃない
川上雄三　1111-N〈ノンフィクション〉
財津和夫が癌や更年期障害を乗り越え、過去の自分から脱却し、新たに曲を書き下ろす過程を描き切る。

自衛隊海外派遣 隠された「戦地」の現実
布施祐仁　1112-A
PKO法が制定・施行後、自衛隊は何度も「戦場」に送り込まれてきた。隠された「不都合な真実」を暴く。

「米留組」と沖縄 米軍統治下のアメリカ留学
山里絹子　1113-D
戦後、占領下の沖縄から米国留学をした若者たちは、どのような葛藤を抱き、どのような役割を担ったのか。

猪木と馬場
斎藤文彦　1114-H
猪木と馬場のライバル物語を追うことは、日本のプロレス史を辿ること。プロレスの本質を伝える一冊。

フィンランド 幸せのメソッド
堀内都喜子　1115-B
「人こそが最大の資源で宝」という哲学のもと、国民が平等かつ幸福に暮らす国の、驚くべき仕組みとは。

未完の敗戦
山崎雅弘　1116-D
なぜ日本では人が粗末に扱われるのか？ 大日本帝国時代の思考形態を明らかにし、その精神文化を検証。

北朝鮮 拉致問題 極秘文書から見える真実
有田芳生　1117-A
拉致問題に尽力してきた著者が入手した極秘文書の内容を分析。問題の本質に迫り、日朝外交を展望する！

私たちが声を上げるとき アメリカを変えた10の問い
和泉真澄／坂下史子／土屋和代／三牧聖子
吉原真里　1118-B
差別や不条理に抗った女性たち。「声を上げる」ことで米社会に何が起きたのか。五人の女性研究者が分析。

スコットランド全史「運命の石」とナショナリズム
桜井俊彰　1119-D
スコットランドに伝わる「運命の石」伝説を辿り、国の成立以前から、現代の独立運動の高まりまでを通覧。

駒澤大学仏教学部教授が語る 仏像鑑賞入門
村松哲文　1120-D
仏像の表情の変遷から、仏様の姿勢・ポーズ・着衣・持ち物の意味までを解説する仏像鑑賞ガイドの新定番。

既刊情報の詳細は集英社新書のホームページへ
https://shinsho.shueisha.co.jp/